杨新梅　周瑞辉　著

中国城市绿色发展研究：
理论、测度与影响因素

Research on Urban Green Development in China:
Theory, Measurement and Influencing Factors

中国财经出版传媒集团

经济科学出版社
Economic Science Press

图书在版编目（CIP）数据

中国城市绿色发展研究：理论、测度与影响因素 /
杨新梅，周瑞辉著 . -- 北京：经济科学出版社，2023.6
ISBN 978 - 7 - 5218 - 4837 - 3

Ⅰ.①中…　Ⅱ.①杨…②周…　Ⅲ.①城市经济 - 绿
色经济 - 经济发展 - 研究 - 中国　Ⅳ.①F299.21

中国国家版本馆 CIP 数据核字（2023）第 107193 号

责任编辑：杜　鹏　武献杰　常家凤
责任校对：李　建
责任印制：邱　天

中国城市绿色发展研究：理论、测度与影响因素
杨新梅　周瑞辉　著
经济科学出版社出版、发行　新华书店经销
社址：北京市海淀区阜成路甲 28 号　邮编：100142
编辑部电话：010 - 88191441　发行部电话：010 - 88191522
网址：www. esp. com. cn
电子邮箱：esp_bj@ 163. com
天猫网店：经济科学出版社旗舰店
网址：http://jjkxcbs. tmall. com
固安华明印业有限公司印装
710 × 1000　16 开　12.75 印张　200000 字
2023 年 6 月第 1 版　2023 年 6 月第 1 次印刷
ISBN 978 - 7 - 5218 - 4837 - 3　定价：76.00 元
（图书出现印装问题，本社负责调换。电话：010 - 88191545）
（版权所有　侵权必究　打击盗版　举报热线：010 - 88191661
QQ：2242791300　营销中心电话：010 - 88191537
电子邮箱：dbts@ esp. com. cn）

前　　言

　　绿色发展是当前世界经济发展的主旋律。当前，世界资源供给日益紧缺，生态环境不断恶化。具体表现为全球气候变暖，臭氧层破坏，生物多样性减少，酸雨蔓延，大气、水体、海洋等遭到不同程度的污染。中国改革开放 40 余年来取得了突出成就，但同时也面临着生态破坏与环境污染问题。因此，包括中国在内的全世界急需转向绿色发展模式，形成节约资源和保护环境的绿色发展方式。

　　鉴于此，本书选择中国 286 个地级及以上城市为研究范围，以 2003～2019 年为研究时期，以绿色发展为研究对象。首先，进行绿色发展相关研究的文献综述，基于人与自然和谐共生的绿色发展理念构建城市绿色发展的动态一般均衡（dynamic general equilibrium, DGE）理论框架，并实证检验中国城市绿色发展的必要性和紧迫性。其次，构建城市绿色发展水平测度指标体系，运用纵横向拉开档次评价法测度中国城市绿色发展水平，揭示城市绿色发展水平的时空差异及演变特征，并进一步探索中国城市绿色发展水平的主要影响因素及其影响机理。最后，基于以上理论、测度及影响因素分析的结论，提出政策建议，以期为政府部门制定绿色发展相关政策提供理论依据，进而助力美丽中国建设。全书共包括七个章节，主要内容和相关结论如下。

（1）绿色发展研究综述。从绿色发展的理论支撑、概念内涵、测度对象及指标方法、影响机制与提升路径4个方面进行文献梳理，呈现国内外关于绿色发展研究的进展脉络，明晰进一步研究的重点和方向。文献梳理后发现：①绿色发展的理论支撑逐步完善和成熟。②绿色发展的概念内涵多停留在辨析层面，缺乏结合主流经济理论构建数理模型来探究其内涵的相关研究。③绿色发展水平测度对象广泛，测度指标体系迥异，尚未形成共识，甚至存在认识偏差。④绿色发展影响机制与提升路径研究多数停留在宏观政府管理层面和中观的产业层面，且研究不够深入全面，微观层面的研究也较少。

（2）基于人与自然和谐共生的绿色发展：DGE理论框架与城市面板检验。绿色发展是实现城市经济高质量增长的重要支撑，它要求人与自然和谐共生、经济与生态共赢。为进一步解析绿色发展的内涵，将环境资源作为特殊的生产要素引入动态一般均衡理论框架，构建一个包含最终产品部门、环境部门和清洁技术研发部门等七部门的内生经济增长模型，推导出实现绿色发展的均衡解。然后以最终产品部门的物质生产函数和污染物排放量函数构建联立方程组，基于2003~2019年中国286个城市的面板数据实证检验中国城市实行绿色发展的必要性和紧迫性。研究发现：①增加研发人力资本投入、提高研发部门和人力资源部门的生产效率能有效提高城市经济增长率、降低消费者时间偏好率，有利于绿色发展。②经济要想实现绿色发展，则经济增长率和消费增长率必须小于环境整体具有的生长能力和净化能力，环境资源存量的增长率必须大于经济增长率。③中国城市经济增长主要靠劳动力和物质资本传统要素拉动，环境规制有减污效应，但其减污效应不大，还有很大的提升空间。综上表明中国城市走绿色发展之路是必然且紧迫的。

（3）中国城市绿色发展水平测度及时空演变分析。科学测度绿色发展水平，把握绿色发展水平的时空演变特征是推动绿色发展的前提和基础。首先，依据人与自然和谐共生的动态一般均衡理论模型及其均衡解，从绿色生产、绿色生态和绿色生活3个方面构建城市绿色发展水平测度指标体系。其次，基于 2003～2019 年中国 286 个地级及以上城市的面板数据，运用纵横向拉开档次评价法测算中国城市绿色发展水平。最后，通过空间相关分析、热点分析、Dagum 基尼系数分解法等方法多维度探讨城市绿色发展水平时空动态演变特征。研究发现：①中国城市绿色发展水平在稳步提升，但仍有很大的提升空间。②绿色生态指数得分最高，其次是绿色生活指数得分，绿色生产指数得分最低。③中国城市绿色发展水平呈现典型的空间集聚特征，城市绿色发展水平的空间分布呈现高—高型的空间集聚模式与低—低型的空间集聚模式的正向空间相关性。热点区域集中在广东省之外的东部沿海和中部城市，西部城市的冷点区域在缩小，东北地区的冷点区域在扩大，而两广地区的冷热点效应变得不明显。④中国城市绿色发展水平的总体差异、区域内部及区域间差异均呈现下降趋势。

（4）经济增长目标压力对城市绿色发展的影响。新常态下，设立适度的经济增长目标才是转向高质量发展、实现绿色发展的钥匙，亦是践行绿色发展理念、助力美丽中国建设的必然要求。首先，基于中国经济增长目标管理制度背景，理论分析经济增长目标压力与城市绿色发展的关系。其次，基于中国 286 个地级及以上城市 2003～2019 年政府工作报告中设定的经济增长目标数据，测算经济增长目标压力指数。最后，实证检验经济增长目标压力对中国城市绿色发展水平的影响。结果显示：①适度的经济增长目标压力有利于提升中国城市绿色发展水平。②从经济增长效应和环境污染效应两方面研究经济增长目标压力对城市绿色发展水平作用的机制。经济增长效应方面，可以发现，过大的经济增长目标压力使地方政府通过扩大财政支出、加大招商引资等手段来达到经济量增加的目的，却导致了经济质量的下降，长期看来不利于绿色发展。环境污染效应方面，过高的经济增长目标压力会带来污染排放强度的增加和环境治理的下降，从而降低了城市绿色发展水平。

（5）国家高新技术产业开发区对城市绿色发展的驱动效应。中国经济进入新时代，国家高新技术产业开发区已经成为新时代推动高新技术产业发展、提升科技创新水平、落实创新驱动发展战略、实现中国经济高质量发展和绿色发展的重要制度安排。本部分将 2008 年之后设立了国家高新区的城市视为实验组，一直未设立国家高新区的城市视为对照组，形成 2003~2019 年 231 个城市的面板数据，通过构建一个多期双重差分（differences-in-differences，DID）模型，实证研究了设立国家高新区对城市绿色发展的影响及其作用机制。研究发现：①从总体上看，设立国家高新区能够显著提升当地绿色发展水平。②作用机制方面，设立国家高新区，不仅提高了城市的经济增长质量和资源利用强度，且总体提升了城市的绿色生产指数。设立国家高新区，有促进城市环境治理和生态保护的效应，最终导致城市的绿色生态指数上升。国家高新区还提升了城市的居民绿色行为，改善了城市的居住环境，最终提升了城市的绿色生活指数。③异质性效应方面，中等规模的城市和东部城市设立国家高新区，对绿色发展水平的提升效应最大。

基于上述理论及实证研究，本书从以下 3 个方面提出促进中国城市绿色发展水平进一步提升的相关对策建议：转变发展方式，构建绿色生产体系；加大环境保护力度，培育绿色生态环境；营造绿色发展理念，倡导绿色生活消费。

综上，与已有研究成果相比较，本书创新之处可以概括为以下几个方面。

（1）理论模型上，一方面，新增清洁技术研发部门，在最终产品部门纳入生产污染物排放量函数，并将环境资源存量引入效用函数；另一方面，考虑了环境资源的生产投入及其产生的污染乘数效应、人工环境投资产生的环境生成效应和环境存量自身的自生和自净能力，最终形成包含最终产品部门、环境部门和清洁技术研发部门等七部门的内生经济增长理论模型。接着通过模型推导出实现绿色发展的均衡解，以解析绿色发展的内涵，更加系统、全面地反映环境与经济增长之间的关系。

（2）实证研究上，把环境资源投入分解为经济总量效应和产业结构效应，以规避环境资源要素核算的难题。然后以污染产业的比重衡量环境资源投入的产业结构效应，以地区生产总值衡量环境资源投入的经济总量效应。并基于最终产品部门的物质生产函数和污染物排放量函数设立联立方程组，实证检验中国城市生产污染物排放量、环境规制与经济增长之间的相互作用，弥补了现有实证研究方面的不足。

（3）测度指标体系上，依据纳入环境资源要素的七部门动态一般均衡理论模型及其均衡解来构建包括绿色生产、绿色生态和绿色生活3个方面的城市绿色发展水平测度指标体系，更具有说服力。测度对象涵盖了中国286个地级及以上城市，兼顾了指标及方法等口径的统一，方便不同地区横向和纵向的可比。目前已有的绿色发展水平测度研究大多停留在国家、省域层面，少数学者也有对部分资源型城市或个别城市群的绿色发展水平进行测度，但很少有囊括尽可能多的城市，这样不便于绿色发展水平的比较。

（4）影响因素研究上，基于中国经济高速增长的事实来反思政府设定的经济增长目标和高新技术产业开发区对绿色发展的影响。本书从政府管理角度分析地方政府经济增长目标管理和国家高新技术产业开发区的设立对城市绿色发展的影响及作用机制。①从政府工作报告中获取地方政府每年年初设定的经济增长目标数据，构建经济增长目标压力指数，进而分析其对城市绿色发展水平的影响。这样既解决了内生性问题，也更好地反映了地方政府经济增长目标压力对城市绿色发展水平的作用机理。②从政府管理角度分析国家高新技术产业开发区的设立对城市绿色发展的影响及作用机制，凸显了新时期落实创新驱动发展战略、实现高水平科技自立自强和以技术进步提升绿色发展水平的重要性和紧迫性。不仅丰富了城市绿色发展的影响因素研究，也为国家高新区助力城市高质量发展和绿色发展提供了强有力的论证。

作者

2023 年 4 月

目　录

| 第1章 |

绪　　论

1.1　研究背景

绿色发展是 21 世纪人类发展的共同主题。对于中国乃至全世界，绿色发展的重要性和紧迫性都不言而喻。各国政府纷纷采取行动，努力引领绿色发展。

（1）绿色发展是世界经济发展的主旋律。第一，发展是硬道理。世界各国发展的历史经验告诉我们，限制经济增长并不能解决生态问题，反而加剧了生态环境危机。发展中国家的事实也证明，经济发展水平低，也容易造成生态环境退化。经济过于落后，人们就会过度依赖砍伐树木、开垦土地等方式维持生产和生存，造成生态环境迅速恶化。世界银行（World Bank，1992）发现穷人不能也不愿投资于效率低下的生态环境管理。拉瓦利翁（Ravallion，2012）研究发现，在墨西哥，越贫穷的地区，其森林覆盖率损失越大。学者们解释了这一现象：与富裕地区相比，贫穷地区更依赖自然资源维持生计和实现发展。米尔本（Milbourne，2010）认为技术手段差、发展模式及资源开发方式粗放会加剧生态环境恶化。巴塔查里亚和英尼斯（Bhattacharya and Innes，2013）更是将贫穷与环境之间的这种相互依赖与相互强化的螺旋下降的关系称为"贫困陷阱"。这足以说明人类经济社会发展与生态环境保护不仅不对立，还为生态环境保护提供物质基础。

第二，发展是解决一切问题的关键，然而粗放的发展方式给世界范围带来了资源、能源供给紧张、生态环境恶化等严重问题。全球气候变暖、臭氧层破坏、生物多样性下降、酸雨蔓延，大气、水体、海洋等受到不同程度的污染，危及人类健康。人类意识到，目前的世界经济发展模式已不再适用于当前世界环境现状。环境污染事件集中发生在 20 世纪中叶以后，以世界八大公害事件①为代表，蕾切尔·卡逊 1962 年的代表作《寂静的春天》和 1972 年著名的罗马俱乐部报告《增长的极限》等一系列作品及活动，使人们对绿色发展和生态文明的兴趣和研究日益增加，并举办了关于绿色发展主题的会议、论坛并发布相关报告。2008 年 10 月，联合国环境规划署为应对金融危机发起了绿色新政和绿色经济倡议，强调"绿色化"是经济增长的引擎，呼吁各国大力发展绿色经济，转变经济增长模式，并发起"全球绿色新政和绿色经济计划"，以应对可持续发展面临的挑战。2011 年 2 月，联合国环境规划署发布了《绿色经济报告》，将绿色发展确定为更好地利用自然资源实现可持续增长的更有效、更公平的经济模式。2011 年 11 月，联合国环境规划署指出，2011～2050 年，每年将全球生产总值的 2% 投资于 10 个主要经济部门，可以加快向低碳、资源节约型绿色经济的过渡。自 2008 年以来，英国、日本、美国、法国和德国都推出了碳标签制度，以抢占绿色发展先机。

第三，随着人类逐渐认知到当前全球环境的恶劣现状和环境继续恶化的严重后果，绿色发展已经成为一个重要趋势。进入 21 世纪以来，世界主要国家把发展绿色产业作为推动经济结构调整的重要举措，新能源、新材料、生物医药、节能环保等成为新一轮工业革命发展的重点，人们称之为"绿色

---

① 世界八大公害事件是指在世界范围内，由于环境污染而造成的八次较大的轰动世界的公害事件，即比利时马斯河谷事件、美国多诺拉事件、美国洛杉矶光化学烟雾事件、英国伦敦烟雾事件、日本四日市哮喘事件、日本米糠油事件、日本水俣病事件、日本骨痛病事件。

工业革命"，世界发展模式正在从"黑色发展模式①"向"绿色发展模式"转变。绿色发展将成为世界经济发展的主旋律，这样的绿色发展模式必须具备 4 个维度：其一，资源节约型社会，提高利用全球资源的效率，降低污染物和废弃物的产出率；其二，环境友好型社会，保障生物多样性、维护生态系统平衡；其三，倡导循环经济，合理循环利用有限资源，减少资源开采过程中的能源损耗和环境破坏；其四，发展低碳经济，严格控制温室气体的排放。

（2）绿色发展是中国发展的大势所趋。改革开放 40 多年来，中国迅速发展成为世界第二大经济体，但是，在享受着全面建成小康社会等改革开放美好成果的同时，我们也感受到了非绿色发展所带来的苦果，工业化在创造巨大物质财富的同时，也造成了资源的过度开发和环境的持续破坏，导致人与自然的矛盾日益突出，传统的"先污染，后治理"的发展模式是不可持续的。一方面，中国是一个人均自然资本相对贫瘠的国家，资源环境已成为制约经济社会可持续发展的重要瓶颈；另一方面，经济发展造成的大气污染、土壤污染、资源枯竭、生态失衡、水污染、沙漠化等生态破坏和环境污染问题，直接影响着人民群众的健康生活。

严峻的环境形势和经济下行压力迫使中国政府和人民重视绿色发展。面对严峻的生态环境形势，如何形成节约资源和保护环境的绿色发展方式是我国发展需要着力解决的问题。2011 年 3 月，在全国人大通过的"十二五"规划纲要中，"绿色发展，建设资源节约型、环境友好型社会"首次被列为重要章节。"十三五"规划纲要首次将"绿色发展"作为五大发展理念之一纳入并系统化，提出到 2020 年，我国单位 GDP 用水量、单位 GDP 能源消耗、单位国内生产总值二氧化碳排放量分别下降23%、15%、18%（曾凡银，2017）。"十四五"规划再次提出要推动绿色发展，促进人与自然和谐共生。2014 年，《中美气候变化联合声明》明确提出，碳排放将在 2030 年达

---

① 黑色发展模式是指以高消耗、高污染、高排放、低效率为特征，在工业文明为人类社会创造巨大物质文明的同时，也加剧了人与自然的矛盾，全球生态环境持续恶化，异常气候所导致的自然危机日益频繁，资源、能源供给日趋紧缺的粗放型发展模式。

到峰值，2020 年非化石能源占比达到 20%。2016 年，中国环境日的主题是"改善环境质量，推动绿色发展"，再次彰显了党中央国务院改善环境质量、推动绿色发展的坚定决心。2016 年 11 月，中国《电力发展"十三五"规划》确立了一个关键性原则：2020 年非化石能源占一次能源消费总量的比重将达到 15%，2030 年达到 20% 左右。2015 年，中国作为《联合国气候变化框架公约》的缔约方，宣布"中国国家自主贡献"，到 2020 年，碳排放强度比 2005 年下降 45%。习近平总书记指出，中国走发达国家发展的老路，实行现在的消费水平和生活方式，是很难维持下去的，如果中国这么走，全球的资源、能源都不够用。我们不能吃祖宗的饭，不能断后人的路，不能走破坏性的发展道路。绿水青山就是金山银山。要坚持天人合一、道法自然的理念，寻求永续发展之路。要正确处理好经济发展和生态环境保护的关系，牢固树立保护生态环境就是保护生产力、改善生态环境就是发展生产力的理念，更加自觉地推动绿色发展、循环发展、低碳发展，不以牺牲环境为代价换取一时的经济增长。[①]

从"黑色发展"到"绿色发展"的尽快转型是中国的必然选择和根本出路（李娟，2018）。2017 年，习近平总书记在党的十九大报告强调，我国必须转变发展方式、优化经济结构、转换增长动力，转向高质量发展，提出必须树立和践行"绿水青山就是金山银山"的理念，坚持人与自然和谐共生。

（3）城市是中国推进绿色发展的重中之重。绿色发展理念的提出及践行有其深刻的现实背景，城市作为人类生产生活和经济发展高级化的集聚地，因技术创新、管理效率提升、人口持续净流入而地理空间扩张、人口规模上升，不仅象征着一个国家政治、经济、文化和技术的前沿和先进方向，而且代表着先进的生产、美好的生活和社会的进步。然而现实是，中国的城市在经历了 40 余年的粗放高速经济增长之后却已深受环境污染之殇。中国依然

---

① 中共中央宣传部. 习近平新时代中国特色社会主义思想学习纲要（2023 年版）[M]. 北京：学习出版社，人民出版社，2023：222－231.

是发展中国家，2021年人均GDP（1.25万美元）才刚步入世界银行公布的高收入国家门槛值（1.2695万美元）。中国的城市依然处于城市化的提升、工业化的发展阶段，人口和工业的增加会导致中国城市的环境污染上升，中国城市的环境污染形势非常严峻。中国的城市化发展进程亦表明，资源环境问题主要集中发生在城市区域，如大气污染、水体污染、固体废弃物污染、噪声污染、土壤污染等在城市环境中的破坏作用不容忽视。汽车尾气、工业废气等造成城市空气污染，居民深受雾霾困扰，由于空气污染而导致医院呼吸道疾病门诊率急剧升高。城市垃圾问题日益突出，而中国城市的垃圾无害化处理能力较低，造成了一系列的严重危害。城市的工业废水、废渣以及生活污水、垃圾和农药化肥施用等使土壤质量下降，进而危及人们的生活和健康。因此，城市是推进绿色发展的重中之重。随着生活水平的提高，城市居民对环境的需求和期望提高了，传统粗放的"先污染、后治理"发展模式已经行不通了，绿色发展之路才是中国城市的必然选择和根本出路。

然而，由于环境污染存在较强的外部性，市场机制难以自发解决生态环境保护问题，地方政府行为又面临机会主义倾向，使绿色发展在实践层面存在诸多挑战和困难。绿色发展的内涵如何体现、实现绿色可持续发展的均衡解是否存在、中国城市是否有必要走绿色发展之路、如何科学测度城市绿色发展水平以及各城市绿色发展水平的差异及演变趋势如何、各类因素如何影响绿色发展水平、如何有效推动城市绿色发展等是政府和社会各界所面临的重要课题。

鉴于以上背景，本书首先认真梳理国内外绿色发展的经典研究文献，厘清绿色发展的理论基础，厘清绿色发展的研究脉络，界定绿色发展的概念及内涵。结合中国"先污染，后治理"的发展模式不可行和环境库兹涅茨曲线不适用的现实，将环境资源作为特殊的生产要素引入动态一般均衡理论模型，构建一个包含最终产品部门、环境部门和清洁技术研发部门等七部门的内生经济增长模型，详细模拟环境资源物质流在经济发展中发挥作用的动态过程，构建中国城市绿色发展的动态一般均衡理论模型，推导出中国城市实现绿色发展的均衡解，并基于中国 286 个城市的面板数据实证检验论证中国城市实行绿色发展的必要性和紧迫性。其次，结合绿色发展内涵和城市绿色发展的动态一般均衡理论模型及其均衡解，从绿色生产、绿色生态和绿色生活 3 个方面构建中国城市绿色发展水平测度的指标体系，运用纵横向拉开档次评价法测度中国城市绿色发展水平，再利用空间相关分析、热点分析、Dagum 基尼系数分解法等各种空间计量方法对城市绿色发展水平的时空差异进行分析，揭示城市绿色发展水平的时空动态演变趋势。这有利于认清中国各个城市绿色发展差异及其变化趋势，便于各地政府采取规制手段加以调控，以实现中国各城市间绿色发展水平的均衡发展，避免出现两极分化的情形。再次，结合中国发展的实际情况，从政府管理角度出发，选择经济增长目标压力和国家高新技术产业开发区的设立两个不同视角，并纳入环境规制、环境分权、产业集聚、金融集聚等控制变量，来进一步探讨经济增长目标压力和国家高新区的设立分别对中国城市绿色发展水平的影响及其作用机制：第一，检验城市经济增长目标压力对城市绿色发展水平的影响及其传导作用机制，有利于市政府选择适度的经济增长目标作为推进城市绿色发展的重要路径之一；第二，进一步深入检验国家高新技术产业开发区的设立对城市绿色发展水平是否有提升作用，为国家设立高新区提供理论依据和政策支持。最后，基于以上理论、测度及影响因素分析的结论，提出政策建议。

1.2 研究意义

1.2.1 理论意义

一是丰富与完善了绿色发展理论体系。一直以来，大部分学者仅是简单定性地辨析绿色发展的概念内涵，而深入阐释绿色发展理论的研究欠缺。尤其是缺乏结合主流经济理论来深入阐释绿色发展内涵，更少有构建数理模型来理论推导探究人与自然和谐共生的绿色发展均衡解，这导致对于绿色发展的讨论多停留在政策实践层面，较难对创新绿色发展路径形成深入的理论指导。本书正是基于这一点，将环境资源作为特殊的生产要素引入动态一般均衡理论模型，详细模拟环境资源物质流在经济发展中发挥作用的动态过程，构建了一个纳入环境资源投入、环境规制、清洁技术研发、人力资本、经济增长等因素，包含最终产品部门、环境部门和清洁技术研发部门等七部门的内生经济增长模型，推导出实现绿色发展的均衡解。从理论上拓展和丰富绿色发展内涵研究。

二是丰富和完善了城市尺度的绿色发展水平测度指标体系。绿色发展水平测度一直是学者们关注的焦点，学者们从国家层面、省份层面、城市群等不同层面对绿色发展水平进行测度。然而，城市层面绿色发展水平测度较少，本书囊括中国 286 个地级及以上城市的面板数据，测算城市绿色发展水平，便于横向和纵向比较，也进一步丰富完善了城市尺度的绿色发展水平测度指标体系。不同尺度的绿色发展水平测度指标体系的侧重点不同，因此本书不但完善了绿色发展水平测度指标体系的研究，而且增强了城市绿色发展水平测度结果的科学性和准确性，具有重要的理论意义。

1.2.2　实践意义

第一，基于 2003 ~ 2019 年中国 286 个地级及以上城市的面板数据实证检验中国城市绿色发展的必要性和紧迫性，为中国推动绿色发展的战略提供数据支撑。

第二，利用空间相关分析、热点分析、Dagum 基尼系数分解法等各种空间计量方法，测度并比较中国 286 个地级及以上城市的绿色发展水平及其时空演变趋势，有利于各级政府制定相应的绿色发展策略。

第三，检验城市经济增长目标管理对城市绿色发展水平的影响及其作用机制，有利于市政府选择适度的经济增长目标作为推进城市绿色发展的重要路径之一，为推动城市绿色发展提供一种全新的视角和路径。

第四，进一步深入检验国家高新技术产业开发区的设立对城市绿色发展水平是否有提升作用，为政府设立高新技术产业开发区提供政策支撑，也为政府进一步采取有针对性的实践措施提供参考依据。

1.3 研究内容与论文结构

1.3.1 研究内容

基于中国生态文明建设及实施绿色发展战略背景，将环境资源作为特殊的生产要素引入动态一般均衡理论模型，构建一个包含最终产品部门、环境部门和清洁技术研发部门等七部门的内生经济增长模型，详细模拟环境资源物质流在经济发展中发挥作用的动态过程，深入解析环境与经济及社会协调发展的绿色发展内涵，推导出人与自然和谐共生的绿色发展均衡解，测算出中国286个城市的绿色发展水平，利用空间相关分析、热点分析、Dagum基尼系数分解法等各种空间计量方法分析绿色发展水平在时间和空间两个维度上的演变规律，探索影响中国城市绿色发展的主要因素。这有利于明确人与自然和谐共生的绿色发展内涵，发挥中国城市绿色发展的区域差异优势，为中国城市制定差异化的绿色政策提供参考依据，具体目标如下。

目标一：将环境资源作为特殊的生产要素，基于动态一般均衡理论模型推导出人与自然和谐共生的绿色发展均衡解，解析污染产业、清洁技术、环境污染与经济增长之间的关系，并实证检验中国城市实行绿色发展的必要性和可行性。

目标二：基于人与自然和谐共生的动态一般均衡理论模型及其均衡解，从绿色生产、绿色生态和绿色生活3个方面构建城市绿色发展水平测度指标体系，测算中国城市绿色发展水平，分析城市绿色发展水平的空间差异情况，揭示城市绿色发展水平的动态演变趋势。

目标三：基于中国 30 余年的高速增长的事实反思影响绿色发展的主要因素，从政府经济增长目标管理视角上分析经济增长目标压力对城市绿色发展水平的影响及其作用机制，利于政府有的放矢，设定合理、适度的经济增长目标，实现经济高质量发展。

目标四：基于中国经济进入新时代，国家高新区已经成为新时代推动高新技术产业发展、提升科技创新水平、落实创新驱动发展战略、实现中国经济高质量发展、绿色发展的重要制度安排的现实背景，以 2008 年之后设立了国家高新技术产业开发区的城市为实验组，以一直未设立国家高新技术产业开发区的城市为对照组，形成 2003 ~ 2019 年 231 个城市的面板数据，采用多期双重差分法实证检验国家高新技术产业开发区的设立对城市绿色发展水平的影响及作用机制。评估国家高新技术产业开发区的设立对城市绿色发展的驱动效应，为后期制定相关政策提供参考依据。

本书在全面推进生态文明建设、提出绿色发展理念及推动美丽中国建设的背景下，首先构建基于人与自然和谐共生的绿色发展的动态一般均衡理论模型，并实证检验中国城市走绿色发展之路的必要性和紧迫性，然后进一步构建中国城市绿色发展水平测度的指标体系，科学测度中国 286 个地级及以上城市的绿色发展水平，探索中国城市绿色发展水平在时间和空间两个维度上的演变特征，识别影响中国城市绿色发展的关键因素，据此提出推动中国城市绿色发展的政策建议。本研究结合上述研究目标，按照技术路线（见图 1.1）展开，具体内容如下。

（1）通过文献回顾，从绿色发展的理论支撑、概念内涵、测度对象及指标方法、影响机制和提升路径方面进行文献梳理，分析国内外学者关于绿色发展的研究成果，梳理绿色发展研究的理论基础，力图呈现国内外关于绿色发展研究的进展脉络，厘清绿色发展的概念和内涵，找出值得进一步研究的方向和内容，构建绿色发展研究框架。文献梳理后发现：①中国绿色发展的理论支撑逐步完善和成熟；②绿色发展的概念内涵多停留在辨析层面，缺乏结合主流经济理论构建数理模型来探究人与自然和谐共生的绿色发展内涵实质；③虽然国家发布了《绿色发展指标体系》，但绿色发展水平测度对象广

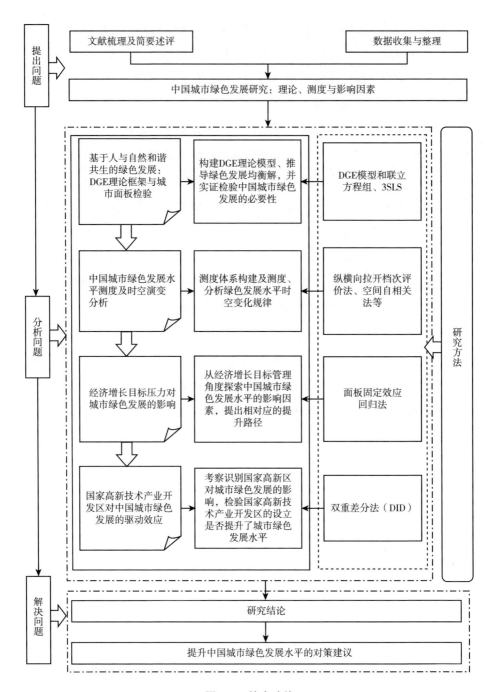

图 1.1　技术路线

泛，测度指标体系迥异，尚未形成共识，甚至存在认识偏差；④绿色发展机制与提升路径研究多数停留在宏观政府管理层面和中观的产业层面，且研究不够深入全面，微观层面的研究也较少。这些都有待在今后研究中深化和拓展。

（2）将资源环境作为特殊的生产要素，纳入动态一般均衡理论模型，构建一个包含最终产品部门、环境部门和清洁技术研发部门等七部门的内生经济增长模型，来解析人与自然和谐共生的绿色发展的内涵，分析资源环境在经济社会发展中的作用。理论研究表明：①增加研发人力资本投入，提高研发部门和人力资源部门的生产效率，能有效提高城市经济增长率；消费者的时间贴现率及风险偏好越低，则城市经济增长率越高，越有利于绿色增长。②经济要想实现绿色发展则经济增长率和消费增长率必须小于环境整体具有的生长能力和净化能力（既包括环境自身的生长能力和净化能力，还包括人工的生长和净化能力）；欲实现人与自然和谐共生的绿色发展，环境资源存量的增长率必须大于经济增长率，人工的环境修复和净化能力将在绿色发展中扮演越来越重要的作用。同时，以动态一般均衡理论的最终产品部门的物质生产函数和污染物排放量函数构建联立方程组，并基于中国286个城市的面板数据实证检验中国城市绿色发展的必要性和紧迫性。中国城市经济增长主要靠劳动力和物质资本传统要素拉动，经济总量每增长1%，生产污染增加0.743%以上。农业产业占比和工业污染产业占比分别以高于0.290和0.251的弹性系数值增加城市环境污染。环境污染以0.362以上的弹性系数抑制了中国城市经济增长。环境规制有减污效应，但其减污效应不大，还有很大的提升空间。可见当前中国城市依然以传统的"三高一低"发展模式进行发展，但难以为继，践行绿色发展正当时。综上表明中国城市走绿色发展之路必然且紧迫。基于以上结论的三点启示如下。①研发部门提高人力资本投入及创新效率，有利于城市经济绿色增长。同时，政府部门应该制定科技人才和研发创新的激励机制，从而有利于促进城市经济绿色增长。②公众可持续发展意识越强，偏好于未来消费而不过于追求当前物质消费，则越利于绿色发展。这表明政府应该积极深入地对环境保护进行宣传，充分利用新闻媒体进行相关的舆论宣传，提高人们的绿色环保理念。同时积极引导消费者理性消费，大力提倡可持续消费和绿色消费。③环境资源存量的增长率必须大于经济增长率，人工的环境修复和净化能力将在绿色发展中扮演越来越重要的作用。因此，不管是政府、企业，还是公众，社会要形成"创绿"的氛围，增加城市的绿色环境资源，从而增加环境资源的自生能力和净化能力，真正实现人与自然和谐共生的绿色发展。

（3）基于人与自然和谐共生的动态一般均衡理论模型及其均衡解，从绿色生产、绿色生态和绿色生活3个方面构建绿色发展水平测度指标体系，运用纵横向拉开档次评价法测算中国城市绿色发展水平。然后通过空间相关分析、热点分析、Dagum基尼系数分解法等方法多维度探讨城市绿色发展水平时空动态演变特征。研究发现：①中国城市绿色发展水平在稳步提升，全国均值由2003年的0.4130逐年提升至2019年的0.7822，16年来增长了近1倍，但仍有很大提升空间。中等及以下水平地区在数量上明显减少，中高水平和高水平的地区在数量上大幅增加，且在空间分布上集聚在东、中部地区。②绿色生态指数得分最高，其次是绿色生活指数得分，绿色生产指数得分最低。③中国城市绿色发展水平呈现典型的空间集聚特征，城市绿色发展水平的空间分布呈现高—高型空间集聚模式与低—低型空间集聚模式的正向空间相关性。热点区域集中在广东省之外的东部沿海和中部城市，西部城市的冷点区域在缩小，东北地区的冷点区域在扩大，而两广地区的冷热点效应变得不明显。④中国城市绿色发展水平的总体差异、区域内部及区域间差异均呈现下降趋势。其中，区域间差异是区域总体差异产生的主要来源。根据以上结论，得出以下四点启示：第一，应继续提升全国绿色发展总体水平，且"发展"和"绿色"协调并进。充分重视绿色发展的空间非均衡特征，各级政府应积极采取措施有效缩小各地区经济发展水平及产业结构的差距。第二，应重点提高绿色生产水平以达到显著提升绿色发展水平的目的。各地方政府和企业应该以节能、降耗、减污为目标，推动绿色工业发展，实现绿色清洁生产。第三，应以绿色发展水平较高地区为中心辐射周边地区，带动周边地区的绿色发展。同时，绿色发展水平较低的地区可以借鉴水平较高区域的发展模式。第四，国家应重点关注中部和西部地区的城市并给予其政策支持，同时引导区域间合作，实现优势互补，缩小区域间差异。各地区应该根据资源环境承载潜力、现有开发密度和发展潜力，逐步形成主体功能定位分工，形成东中西良性互动，协调发展。

（4）重点从政府管理角度识别影响中国城市绿色发展的主要因素，检验经济增长目标压力对城市绿色发展的影响。新常态下设立适度的经济增长目标才是转向高质量发展、实现绿色发展的钥匙，亦是践行绿色发展理念、助力美丽中国建设的必然要求。依据中国地方政府和企业在设立高经济增长目标方面的激励相容和中国过去40余年高速经济增长的现实，理论分析经济增长目标压力与城市绿色发展的关系。再基于中国286个地级及以上城市2003～2019年政府工作报告中设定的经济增长目标数据，测算经济增长目标压力指数。最后实证检验经济增长目标压力对中国城市绿色发展水平的影响。研究表明：①经济增长目标压力与中国城市绿色发展水平呈倒"U"型曲线的关系，也就是说，当经济增长目标压力适中时，是有利于城市绿色发展水平的提升，而当经济增长目标压力过大时，反而会负向影响城市绿色发展水平。②从经济增长效应和环境污染效应两方面研究经济增长目标压力对城市绿色发展水平作用的机制。在经济增长效应方面，过大的经济增长目标压力使地方政府通过扩大财政支出、加大招商引资等手段来达到经济量增加的目的，却带来了经济质量的下降，长期看来不利于绿色发展。而在环境污染效应方面，过高的经济增长目标压力会带来污染排放强度的增加和环境治理的下降，从而降低了城市绿色发展水平。综上表明，选择适度的经济增长目标是当前阶段推进城市绿色发展的重要手段。基于以上研究结论的启示如下：①选择适度的经济增长目标压力是当前阶段推进城市绿色发展的重要路径。习近平总书记多次强调提高质量和效益的重要性，要建设美丽中国，必须把推动发展的着力点转到提高质量和效益上来。本章的研究结论佐证了习近平总书记关于经济增长速度的主张。②选择适度的经济增长目标压力，有利于缩减地方财政支出规模，减少地方政府财政赤字，提高人均地区生产总值和工业增加值，实现经济提质增效和高质量发展，提升城市绿色发展水平。③选择适度的经济增长目标，有利于实现污染产业技术升级或退出，进而降低"三高一低"的生产发展对环境资源存量的损耗，减少污染排放，进一步提升环境治理水平，促进环境质量改善和提升，实现城市绿色发展。

（5）再次分析国家高新技术产业开发区的设立对城市绿色发展的影响及作用机理。检验国家高新技术产业开发区的设立是否提升了中国城市绿色发展水平。基于中国经济进入新时代，国家高新区已经成为新时代推动高新技术产业发展、提升科技创新水平、落实创新驱动发展战略、实现中国经济高质量发展、绿色发展的重要制度安排的现实，探索国家高新区的设立对中国城市绿色发展的驱动效应及其作用机制。删除了 2009 年之前设立了国家高新区的城市，将 2008 年之后设立了国家高新区的城市视为实验组，一直未设立国家高新区的城市视为对照组，形成 2003 ~ 2019 年 231 个城市的面板数据，通过构建一个多期双重差分模型实证研究设立国家高新区对城市绿色发展的影响及其作用机制。研究结果发现：①从总体上看，设立国家高新区能够显著提升当地绿色发展水平，在考虑了一系列可能干扰估计结果的因素后结果仍然稳健。②绿色生产方面，国家高新区的设立提高了城市的经济增长质量和资源利用强度，且总体提升了城市的绿色生产指数。③绿色生态方面，设立国家高新区有促进城市环境治理和生态保护的效应，最终导致城市的绿色生态指数上升。④绿色生活方面，国家高新区提升了城市的居民绿色行为，改善了城市的居住环境，最终提升了城市的绿色生活指数。⑤异质性效应方面，以城市规模的分位数回归结果表明，无论是大城市、中等规模城市还是小城市，设立国家高新区，均提升了城市绿色发展水平，其中，中等规模的城市设立国家高新区，对绿色发展水平的提升效应最大。以东部、中部和西部进行区域划分的回归结果表明，国家高新区的设立促进了东部、中部和西部城市的绿色发展，且对东部城市的促进作用大于西部城市和中部城市。基于以上结论得出以下几点政策启示。①国家高新区作为城市一种重要的创新空间，作为降低其对传统粗放式发展的依赖、转向高质量发展和绿色发展的试验田，具有显著地降低对传统粗放式发展依赖的积极效应，提升了城市绿色发展水平。对于设立了国家高新区的城市来说，应持续推进国家高新区在高新技术产业方面的创新引领作用，让国家高新区真正发展高新技术产业，实现中国城市的绿色高质量发展。②深入发挥国家高新区提升城市绿色发展的示范作用，以国家高新区发展为契机，形成高新技术产业与污染密集型产业之间的替代效应和减排效应，实现国家高新区创新与整个城市的互动共生，拓展创新空间，谋划腾笼换鸟，倒逼污染产业清洁升级或退出市场，为产业向多样化与高级化演进提供技术动力，进而实现人与自然和谐共生的城市绿色发展。

1.3.2　本书结构

本书旨在全面推进生态文明建设、提出绿色发展理念及推动美丽中国建设的背景下，重新测度分析中国城市绿色发展水平。在厘清绿色发展理论内涵的基础上，将环境资源作为特殊的生产要素引入动态一般均衡理论模型，详细模拟环境资源物质流在经济发展中发挥作用的动态过程，深入解析环境与经济及社会协调发展的绿色发展内涵，推导出人与自然和谐共生的绿色发展均衡解，并全面测算中国城市绿色发展水平，分析绿色发展水平在时间和空间两个维度上的演变规律，接着进一步探索影响中国城市绿色发展的主要因素，这有利于明确人与自然和谐共生的绿色发展内涵，把握中国各城市绿色发展水平的区域差异，为中国城市制定差异化的绿色政策提供参考依据。本书一共分为七个章节，具体安排如下。

第 1 章，绪论。本章首先介绍本书的选题背景，提出需要解决的科学问题，从理论与实践两方面阐述本书的研究意义。其次，简要介绍本书的主要内容，并详细介绍本书各章节结构安排。再次，介绍全书需要运用的研究方法，梳理本书的研究思路，并直观给出研究技术路线图。最后，总结本书的创新之处。

第 2 章，绿色发展研究综述。本章主要从绿色发展的理论支撑、概念内涵、测度指标及方法、提升机制与建设路径 4 个方面梳理国内外绿色发展的研究文献，厘清绿色发展的研究脉络，总结前人绿色发展的研究成果，界定绿色发展概念及内涵，述评当前绿色发展相关研究进展以及现有研究还值得拓展的地方。

第3章，基于人与自然和谐共生的绿色发展：DGE 理论框架与城市面板检验。本章在理解绿色发展内涵（人与自然共荣、经济与生态共赢）的基础上，将资源环境作为特殊的生产要素引入动态一般均衡理论框架（DGE），模拟资源环境在经济发展过程中的作用关系，构建一个纳入环境资源投入、环境规制、清洁技术研发、人力资本、经济增长等因素，包含最终产品部门、环境部门和清洁技术研发部门等七部门的内生经济增长模型，试图推导出实现经济与生态共赢、人与自然和谐共生的绿色发展均衡解，以这种全新的方式拓展对绿色发展内涵及核心理念的理解。同时，在此基础上，以最终产品部门的物质生产函数和污染物排放量函数设立联立方程组，采用 2003～2019 年中国 286 个城市的面板数据实证检验中国城市实行绿色发展的必要性和紧迫性，为中国推行绿色发展提供理论支撑和强有力的数据论证。

第4章，中国城市绿色发展水平测度及时空演变分析。本章基于 2003～2019 年中国 286 个地级及以上城市的面板数据，以前人研究的指标体系为参考，结合第3章构建的绿色发展 DGE 理论框架，从绿色生产、绿色生态和绿色生活 3 个方面构建中国城市绿色发展水平测度指标体系，运用纵横向拉开档次评价法测算中国城市绿色发展水平。然后通过空间相关分析、热点分析、Dagum 基尼系数分解法等各种空间计量方法对城市绿色发展水平的时空差异进行研究，以检验城市绿色发展水平在时间和空间两个维度上的差异变化，揭示城市绿色发展水平的时空演变特征。

第5章，经济增长目标压力对城市绿色发展的影响。本章首先基于中国经济增长目标管理制度背景，理论分析经济增长目标压力与城市绿色发展的关系。其次，基于中国 286 个地级及以上城市 2003～2019 年政府工作报告中设定的经济增长目标数据，通过归一化测算经济增长目标压力指数。最后，将其作为核心解释变量，并纳入产业集聚、金融深化、人力资本等控制变量，实证检验经济增长目标压力对中国城市绿色发展水平的影响及作用机制，试图从政府管理的角度探索中国城市绿色发展水平的提升路径。

第 6 章，国家高新技术产业开发区对城市绿色发展的驱动效应。本章删除了 2009 年之前设立了国家高新区的城市，将 2008 年之后设立了国家高新区的城市视为实验组，一直未设立国家高新区的城市视为对照组，形成 2003～2019 年 231 个城市的面板数据，通过构建一个多期双重差分模型实证研究设立国家高新区的设立对城市绿色发展的影响及其作用机制，评估国家高新技术产业开发区的设立对城市绿色发展水平的驱动效应。

第 7 章，结论、建议与展望。本章基于以上研究内容归纳总结研究结论，并依据结论从转变发展方式、加大环境保护力度、营造绿色发展理念 3 个方面提出建议，从而促进中国城市构建绿色生产体系、培育绿色生态环境、倡导绿色生活消费。以提升中国城市绿色发展水平。最后，分析本书研究中可能存在的不足以及展望接下来的研究方向。

1.4　研究方法与技术路线

1.4.1　研究方法

（1）文献分析与比较分析法。本书通过收集整理绿色发展的相关研究，然后对绿色发展的研究现状进行归纳总结，这就是文献分析方法的应用。从绿色发展理论、概念内涵、测度指标及方法、影响机制及提升路径 4 个方面进行系统梳理，明确与绿色发展相关的理论渊源和发展，为理论框架的构建提供前提保障。深入理解绿色发展的相关概念及内涵，掌握绿色发展测度指标及方法，初步总结现有绿色发展水平的主要影响因素，在此基础上通过比较分析法去思考挖掘绿色发展研究的可拓展之处，确立本书的研究对象、研究视角、研究内容和研究方法，构建本书的理论分析框架，论证本研究的科研价值和意义。

（2）定性与定量相结合分析法。本书以资源环境经济学理论和可持续发展理论为理论基础，结合绿色发展的内涵，利用定性分析法模拟环境资源物质流在经济社会发展中发挥作用的动态过程，将环境资源作为特殊的生产要素引入动态一般均衡理论框架，构建一个纳入环境资源投入、环境规制、清洁技术研发、人力资本、经济增长等因素，包含最终产品部门、环境部门和清洁技术研发部门等七部门的内生经济增长模型，试图推导出实现经济与生态共赢、人与自然和谐共生的绿色发展均衡解，以此全新的方式拓展对绿色发展内涵及核心理念的理解。然后，利用定量分析方法，科学测算中国城市绿色发展水平并对其时空演变特征进行分析，检验城市绿色发展水平区域差异及其动态演进趋势，并定量分析经济增长目标压力、国家高新区的设立等因素对中国城市绿色发展水平的影响方向及程度。

（3）实证分析法与计量分析法。联立方程组和三阶段最小二乘法（three stage least square，3SLS）。联立方程组能求出满足各方程的公共解，三阶段最小二乘法能有效克服互为解释变量带来的内生性和效率性问题。因此，本书以最终产品部门的物质生产函数和污染物排放量函数设立经济增长方程和污染排放方程的联立方程组，基于中国 286 个地级及以上城市的面板数据分析中国城市生产污染排放、环境规制与经济增长之间的相互作用，论证中国城市绿色发展的必要性和紧迫性。为克服地区生产总值和环境污染综合指数同时进入联立方程模型并互为解释变量所带来的内生性和效率性问题，采用三阶段最小二乘法对联立方程模型进行估计。

（4）空间自相关分析法。空间自相关分析法经常被用来检验分布状态的空间相关性，具体包括全局空间相关和局部空间相关两种。其中，全局空间相关可以反映整个系统内空间数据的分布特征，如空间正相关、负相关和不相关等，常用 Moran's I 指数来考察。局部空间相关则反映的是某空间集聚区或非典型的局部区域的空间特征，可采用冷热点分析、Moran 散点图等方法来考察。本书需要考察中国城市绿色发展水平的全局及局部相关性和差异演变规律，所以会用到空间自相关分析法，借助 Moran's I 指数、基尼系数和冷热点分析法对中国城市绿色发展水平的全局及局部相关性和差异演变规律进行分析。

（5）双重差分法。双重差分法是一种专门用于政策效果评估的计量方法，该方法将制度变迁以及新政策视作为外生于经济系统的一次"自然实验"，允许存在不可观测因素，在一定程度上放松了政策效应评估的条件，使政策效应评估模型与现实经济更接近，所以该方法得到广泛应用。为了评估国家高新技术产业开发区的设立对城市绿色发展水平的驱动效应，将2008年之后设立了国家高新技术产业开发区的城市视为实验组，一直未设立国家高新技术产业开发区的城市视为对照组，形成2003～2019年231个城市的面板数据，采用多期双重差分法实证检验国家高新技术产业开发区的设立对城市绿色发展水平的影响及作用机制。

1.4.2　技术路线

基于对上述研究目标、研究内容以及研究方法的梳理，通过提出问题、分析问题和解决问题的总体思路来开展本研究。

第一，了解研究背景发现，不管从国家战略层面还是现实经济社会发展的现状来看，不管是世界范围还是中国城市，绿色发展势在必行。根据当前的研究背景选择研究的问题及对象，了解研究区基本情况并尝试收集基本数据。梳理国内外绿色发展相关的研究成果，找到绿色发展研究的理论支撑，界定绿色发展概念及内涵，挖掘关于绿色发展研究值得进一步拓展的内容和视角，并提出一系列科学问题。比如，绿色发展的内涵是什么？如何通过经济增长模型来阐释？如何科学测度城市绿色发展水平？中国城市绿色发展的主要影响因素有哪些？如何进一步推动中国城市绿色发展？带着这些问题去挖掘分析。

第二，在现有的研究基础上，将资源环境作为特殊的生产要素引入动态一般均衡理论模型，模拟资源环境在经济发展过程中的作用关系，寻找环境与经济协调发展、人与自然和谐共生的均衡点，以理论模型的形式进一步解释、探析绿色发展内涵，推导出实现人与自然和谐共生的绿色发展的均衡解。再利用中国286个地级及以上城市的面板数据考察当前中国城市经济增长与环境之间的关系，进一步论证中国城市实行绿色发展的必要性和紧迫性。

第三，基于 DGE 理论模型推导出的绿色发展均衡解及绿色发展内涵，科学构建城市绿色发展水平测度指标体系，用纵横向拉开档次评价法测度 2003～2019 年中国 286 个地级及以上城市的绿色发展水平，并通过 ArcGIS 软件绘制中国城市绿色发展水平的时空演变图，利用空间相关分析、热点分析、Dagum 基尼系数分解法等各种空间计量方法，对中国城市绿色发展水平的时空演变规律进行分析。

第四，从政府设定经济增长目标视角，考察经济增长目标压力对城市绿色发展水平的影响及其作用机制。依据中国地方政府和企业在设立高经济增长目标方面的激励相容和中国过去 40 余年高速经济增长的现实，理论分析经济增长目标压力与城市绿色发展的关系。再基于中国 286 个地级及以上城市 2003～2019 年政府工作报告中设定的经济增长目标数据，测算经济增长目标压力指数，以实证检验经济增长目标压力对中国城市绿色发展水平的影响。

第五，探索国家高新技术产业开发区对城市绿色发展水平的影响及其机理，实证检验国家高新技术产业开发区的设立是否提升了中国城市绿色发展水平。将 2008 年之后设立了国家高新区的城市视为实验组，一直未设立国家高新区的城市视为对照组，形成 2003～2019 年 231 个城市的面板数据，通过构建一个多期 DID 模型实证研究设立国家高新区对城市绿色发展的影响及其作用机制。

第六，根据研究结论提出推动中国城市绿色发展的有效措施，为提高中国城市绿色发展水平、实现经济高质量增长提供理论和政策支撑。从转变发展方式、加大环境保护力度、营造绿色发展理念等方面提出具体建议，从而构建绿色生产体系、培育绿色生态环境、倡导绿色生活消费。

1.5 本书的创新

本研究在充分吸收前人相关理论及实证研究成果的基础上，坚持理论突破与创新的思想，阐述问题与分析问题，尽量发现新视角与新方法。本书的创新点主要体现在如下几个方面。

一是尝试通过构建纳入环境资源要素的七部门动态一般均衡理论模型推导出实现绿色发展的均衡解，以解析绿色发展的内涵。目前，大多学者对绿色发展的概念内涵的研究是定性地界定绿色发展，较少有学者结合经济增长理论及生态环境经济学理论构建包含环境资源投入、清洁技术研发、人力资本、经济增长等因素的模型来模拟分析资源环境要素在经济社会发展中的作用，理论分析人与自然和谐共生的绿色发展的均衡条件。

区别于以往研究，本书在最终产品部门纳入生产污染物排放量函数，并纳入清洁技术部门，直接推导出实证所需的模型。同时，考虑环境资源的生产投入、环境资源生产投入所产生的污染乘数效应、人工环境投资的环境生成效应和环境存量自身的自生和自净能力，并将环境资源存量引入效用函数，从而可以更加系统全面地反映环境与经济增长之间的关系。彭水军和包群（2006）直接把污染强度作为生产要素引入生产函数，构建带有环境污染约束的经济增长模型，考虑了环境的自净能力在环境质量中的作用，没考虑环境资源生产投入所产生的污染乘数效应、人工环境投资的环境生成效应和环境存量自身的自生和自净能力，忽略了人工的环境修复和净化能力将在绿色发展中发挥越来越重要的作用。黄茂兴和林寿富（2013）虽然考虑了环境资源生产投入所产生的污染乘数效应、人工环境投资的环境生成效应和环境存量自身的自生和自净能力，但最终产品部门没有纳入污染物排放量函数，没有考虑清洁技术部门对环境资源存量的影响。综上存在的缺陷和不足，本书借鉴童健等（2016）的动态一般均衡模型，在最终产品部门纳入污染物排放量函数，同时吸收黄茂兴和林寿富（2013）考虑环境资源生产投入所产生的污染乘数效应、人工环境投资的环境生成效应和环境存量自身的自生和自净能力，并新增加清洁技术研发部门，最终形成包含最终产品部门、环境部门和清洁技术研发部门等七部门的内生经济增长模型。

二是在动态一般均衡模型的实证上，把环境资源投入分解为经济总量效应和产业结构效应，以规避环境资源要素核算的难题。不同于黄茂兴和林寿富（2013）直接基于环境库兹涅茨曲线假说构建我国城市面板的联立方程，本书依据污染产业的划分标准，以污染产业的比重衡量环境资源投入的产业结构效应，以地区生产总值衡量环境资源投入的经济总量效应，再以最终产品部门的物质生产函数和污染物排放量函数设立联立方程组，基于中国 286个地级及以上城市的面板数据分析中国城市生产污染物排放量、环境规制与经济增长之间的相互作用，弥补了现有实证研究方面的不足。

三是相比已有研究，依据纳入环境资源要素的七部门动态一般均衡理论模型及其均衡解，从绿色生产、绿色生态和绿色生活 3 个方面构建城市绿色发展水平测度指标体系。并依据动态一般均衡理论模型及其均衡解，以经济增长质量、污染排放强度、资源利用强度 3 个二级指标来反映绿色生产。以生态保护、环境治理、资源禀赋 3 个二级指标来反映绿色生态。以绿色行为和居住环境 2 个二级指标来反映绿色生活。每个二级指标又包含 2~5 个三级指标，共有 25 个三级指标。另外，本书的测度对象涵盖了中国 286 个地级及以上城市，兼顾了指标及方法等口径的统一，方便不同地区横向和纵向的可比。目前，已有的绿色发展水平测度研究大多停留在国家、省域层面，也有少数学者对部分资源型城市或个别城市群的绿色发展水平进行测度，但囊括的城市过少，这样不便于绿色发展水平的比较。

四是当前已有研究大多是从政府、市场等角度研究地方政府竞争、环境分权等对绿色发展效率的影响，很少有基于中国经济高速增长的事实来反思政府设定的经济增长目标和高新技术产业开发区对绿色发展的影响。本书从政府管理角度分析地方政府经济增长目标管理和国家高新技术产业开发区的设立对城市绿色发展的影响及作用机制。①从政府工作报告中获取地方政府每年年初设定的经济增长目标数据，采用临近几年的实际经济增长率构造地方经济增长潜力值，再以经济增长目标数据减去地方经济增长潜力值得到的差值，通过归一化得出经济增长目标压力指数，进而分析其对城市绿色发展水平的影响。这样既解决了内生性问题，也更好地反映了地方政府经济增长目标压力对城市绿色发展水平的作用机理。从地方政府官员的晋升激励作用于地方经济增长目标的视角来考察中国城市绿色发展水平的障碍因素，更贴近中国现实。②从政府管理角度分析国家高新技术产业开发区的设立对城市绿色发展的影响及作用机制，凸显了新时期落实创新驱动发展战略、实现高水平科技自立自强和以技术进步提升绿色发展水平的重要性和紧迫性。国家高新区已经成为新时代推动高新技术产业发展、提升科技创新水平、落实创新驱动发展战略、实现中国经济高质量发展、绿色发展的重要制度安排。在此背景下，探索国家高新区的设立对中国城市绿色发展的驱动效应及其作用机制，不仅丰富了城市绿色发展的影响因素研究，也为国家高新区助力城市高质量发展和绿色发展提供了强有力的论证。

| 第 2 章 |

绿色发展研究综述

随着中国乃至全世界经济增长带来的环境问题与人民对环境需求增加的矛盾日益突出，绿色发展已成为各界关注的焦点。纵观已有的绿色发展研究，主要集中在理论支撑、概念和内涵、测度的对象和指标及方法、影响机制与提升路径 4 个方面。本章通过梳理绿色发展的代表性文献，从以上 4 个方面对文献进行了总结，探讨了绿色发展研究的现状，试图介绍国内外绿色发展研究的进展情况，并明确进一步研究的重点和方向。

2.1　绿色发展的理论支撑研究

在早期的生态学马克思主义等理论中早已涉及过绿色发展观，而后的环境经济、循环经济、生态经济及可持续发展等概念和内涵为绿色发展理念的提出也奠定了夯实的理论支撑。

第一，生态马克思主义理论体系为绿色发展理念的提出提供了重要的哲学基础，为如何走好绿色发展之路提供了重要启示。产生于 20 世纪 60 年代的生态学马克思主义理论主要包含了马克思主义自然观、生态危机理论、政治生态学理论、二重矛盾理论、马克思主义全面生产理论、马克思物质循环与生态利用思想等一系列更加完善、系统的理论体系，它们为绿色发展提供了强有力的理论支撑。马克思主义自然观源于马克思和恩格斯关于共产主义社会中人类和自然关系的辩证表述，"共产主义，作为完成了的自然主义，等于人道主义，而作为完成了的人道主义，等于自然主义。它是人和自然界之间、人和人之间的矛盾的真正解决，是存在和本质、对象化和自我确证、自由和必然、个体和类之间的斗争的真正解决"①。以上表述说明，在共产主义社会，人类同时具有自然属性和社会属性，两种属性之间相互作用、相互转化，人类在自然中既有能动性（绿色环保行为和环保技术应用），亦有受动性（自然灾害和环境污染）。生态危机理论诞生于 20 世纪 80 年代，以威廉·莱斯和本·阿格尔为代表，这一理论认为贪婪的资本家因为技术进步导致环境资源恶化、引发资本主义危机，认为只有走生态社会主义道路、削减生产规模才能避免生态危机。政治生态学理论以法国左翼理论家为代表，融合了社会主义理论、生态理论等相关知识，认为逐利的资本主义社会大量采用集权技术将引发资本主义生态危机，强调民主化的绿色环保技术在解决生态环境问题中的关键作用，反映了资本家和民众对待自然生态的迥异立场。二重矛盾理论即生产力和生产关系与生产条件之间的矛盾，以詹姆斯·奥康纳为代表，融合马克思主义和生态学的相关知识，认为社会生产力、生产方式和生态资源承载力之间唯有耦合协调，才能保持生产条件的可持续性，以避免生态危机。马克思主义全面生产理论，包括物质生活资料、精神、社会关系、人口自身以及生态环境的生产与再生产 5 个方面的内容，把生态环境的生产和再生产作为社会生产和再生产的一部分。20 世纪 80 年代中期，我国的生态经济学者借鉴马克思主义全面生产理论，把社会生产范畴扩大到生态生产与精神生产，由此社会主义生产和再生产包括物质、精神、人口、生态 4 种广义产品的生产与再生产，为绿色发展的生产理论提供了参考和理论依据。马克思物质循环与生态利用思想强调对生产排泄物（工业和农业生产的废料）和消费排泄物（人类的新陈代谢所产生的排泄物）进行

---

① 马克思，恩格斯. 马克思恩格斯选集第 42 卷 [M]. 北京：人民出版社，1995：120.

分解和再利用，体现了在生态系统和生产系统中物质循环与物质变换的内在统一，揭示了在生产与再生产过程中的物质循环流动过程，体现了人与自然在生态系统中相互转化与协调统一的物质变换过程。马克思主义自然观为如今的绿色发展理念奠定了重要的哲学理论基础。它认为人是自然和社会之间的桥梁，而作为既有自然属性和社会属性的人与社会、自然是辩证统一的整体。主张生态问题是资本主义最大问题的生态危机理论认为，要解决生态危机就必须走生态社会主义道路，解决好人与人之间的关系，重新调整好人与自然的关系。该论断阐述了为什么会有生态危机，同时也提供了该如何解决生态危机的方法，这些思路都启发着我们接下来如何实现绿色发展。政治生态学理论强调科学技术在解决生态危机中的重大作用。它认为绿色高科技技术是解决生态环境问题的重要工具，使绿色发展成为可能，同时还有事半功倍的效果。这些论断也为当代的绿色发展选择应用科学技术提供了一定的参考价值。还有，二重矛盾理论认为，除了资本主义生产力与生产关系之间的矛盾，资本主义生产方式与社会再生产能力之间的矛盾是资本主义的第二重矛盾，也是引发生态危机的主要原因。它将矛盾的焦点转向生产方式和生产能力之间，这为我们当前解决"既要考虑提高生产力，又要兼顾生态环境承载力"的问题提供了重要思路，即转变生产方式最关键，只有转变生产方式，才能实现生产能力的可持续。

第二，环境经济学理论告诉我们如何正确认识和处理绿色发展过程中人、自然与社会等多方面的关系，也为当前绿色发展理念的完善提供了重要思路。兴起于 20 世纪 50 ~ 60 年代的环境经济学理论，很多观点和论断都与绿色发展相关。环境库兹涅茨假说是指环境质量与收入为倒"U"型关系。当一个国家经济发展水平较低的时候，环境污染的程度较轻，但是随着人均收入的增加，环境污染由低趋高，环境恶化程度随经济的增长而加剧。当经济发展达到一定水平后，也就是说，到达某个临界点或称拐点以后，随着人均收入的进一步增加，环境污染又由高趋低，其环境污染的程度逐渐减缓，环境质量逐渐得到改善。根据环境库兹涅茨假说，人均收入水平的不断提升、科技水平的不断进步、产业结构的不断优化，将有利于环境质量的改善和提高。这种结论会导致人们陷入一个认识误区：环境问题会随着经济发展水平的提高而自动解决。同时，环境库兹涅茨曲线说明了经济发展的重要性，绿色发展并不是只要绿色不要发展。环境伦理观的主要内容包括自然价值论、自然权利论和环境使用的公平正义论等。自然价值论认为，自然生态具有共存性的生态价值、目的性的生命价值和工具性的使用价值。自然权利论认为，自然界中所有生物和环境，都具有依照自身规律生存和发展并受到人类尊重的资格，主要表现为尊重权（生存、发展与情感的尊重）和反抗权（自然的报复权与法权）两大类。环境使用的公平正义论是从生态伦理的角度，探究人与自然以及人与人之间在使用自然资源时的相互关系，它认为人类想要生存与发展就必须与自然和谐相处，尊重自然，保护自然。在人与人之间使用自然资源时，应当遵循环境保护主义、环境公益至上、环境消费权平等和环境保护整体合作等原则。以上这些观点对于当代在绿色发展过程中认清并正确处理人与自然、人与社会、人与人之间的相互关系提供了借鉴。

脱钩理论，是指阻断经济增长与资源消耗或环境污染之间关系的基本理论，以驱动力—压力—状态—影响—反应框架（DPSIR）为设计框架。脱钩指数依据经济增长率与环境污染物增长率的比值可分为强脱钩和弱脱钩。强脱钩表示经济增长率为正，而环境污染物增长率为零甚至为负的情形；弱脱钩表示经济增长率和环境污染物增长率都为正，但经济增长率大于环境污染物增长率的情形。脱钩现象在环境库兹涅茨曲线（EKC）假说中也存在，即随着经济的增长，伴随自然资源消耗的增多和自然环境压力的增大，当采取一定有效政策或应用一些高新技术时，有可能实现经济增长甚至加速增长的同时自然资源消耗降低、自然环境压力减少的"脱钩"过程。脱钩理论强调了人类在应对自然环境压力时的主观或客观能动性，但忽略了人类对于自然环境的效用需求。环境库兹涅茨曲线假说告诉我们绿色发展并不是只要绿色不要发展。经济只有不断发展，科技进步和结构优化会反过来解决环境污染。环境伦理观主张的人对环境的伦理态度以及人类对自然界产生的道德行为告诉我们，人类应该尊重保护自然，在使用自然资源的过程中也要注重环境至上等原则，不可肆意掠夺，人与自然理应和谐相处。脱钩理论和脱钩指标等为绿色发展的环保技术创新提供了理论和实践的基础。

第三，循环经济理论的"3R"原则指导人类应如何践行绿色发展理念。物质循环理论在产出方面体现为变废为宝，对生产产生的废弃物低排放和再循环利用，以降低对自然资源的消耗，做到生产的减量化；在消费方面强调尽可能多频次、多方式地使用物品，尽量延长产品的使用寿命，通过再利用，避免产品过早成为垃圾；最后是对产品报废后以及产生的废弃物的再循环利用。清洁生产理念是指对产品生产和产品整个生命周期两个全过程进行控制，以尽可能降低产品在生产过程中、使用过程中以及使用后对人体自身和自然生态造成的危害，即在生产全过程中强调节约使用原材料和能源资源，避免使用毒性原材料，降低生产过程中废弃物的排放数量和毒性；在产品整个生命周期内，强调尽量减少从原材料提取到产品最终产出处理过程中的不利影响。清洁生态理念的诞生是对传统环保战略的挑战与批判，为企业及社会层面的循环经济的建立打开了新局面，这种将环境因素纳入产品生产设计管理和服务之中、综合利用清洁资源能源和更加环保的工艺技术设备、强调从源头加强对生态的保护和对污染的防治、减少或消除生产过程和产品生命周期过程对环境造成的危害等理念，为当今绿色发展生产模式的选择与设计提供了重要的参考价值和思想基础。工业生态学强调工业系统像生态系统一样，对企业的工业废弃物进行循环利用，以减少资源的投入和消耗，从而减少环境污染，降低工业生产对自然生态造成的影响。其核心在于把人类社会的工业生产活动视为具备物质、能量、信息流动及存储功能的与自然生态系统相仿的系统，通过模拟生态系统，实现资源与废弃物间的闭循环转换，以提升资源使用的生态效率。该理论从构建整个工业生态系统的角度出发，克服了企业个体单方面进行污染治理的问题，鼓励企业之间资源循环流动，副产品交换利用，在创造经济效益的前提条件下，不断提高环境质量与资源利用效率。这些思想也极大地支持了生态工业园的提出和发展。同时，生态工业园的建设等也为工业生态学理论的完善作出了贡献。根据工业生态学理论，工业生态系统本身具备一定限度的自动平衡调节的机制和能力。然而，一旦工业生态系统中种群间代谢负荷超出了系统自动平衡调节的能力，则需要相关的协调管理机构通过调控手段来进行辅助控制。工业生态学理论的提出与发展为绿色发展过程中企业污染排放治理和生态环境保护提供了新的思路。生产过程中遵守"减量化（reduce）、再利用（reuse）、再循环（recycle）"原则，节约使用自然资源，提高资源使用效率，加大废弃物的回收利用。这就是来自循环经济理论中最基本的物质循环理论的启示。随后衍生出的清洁生产理念告诉我们，在产品生产设计及其整个生命周期中应该融入环境因素，最大限度地减少产品在生产使用中对自然环境的伤害。这为企业层面践行绿色发展提供了全新的视角，也为如今生产模式的选择设计提供了重要的参考价值和思想基础。循环经济理论的工业生态学理论将整个工业系统视为一个完整体，不同企业之间可以循环利用工业废弃物。这告诉我们，企业与企业之间可以联合解决污染，鼓励资源尤其是废弃物的循环流动，不仅能创造经济效应，还可以减少资源投入和消耗，降低环境污染排放。这一思想也恰恰在生态工业园的建设和发展中得到论证和实施，同时为当下企业污染排放治理及履行环境保护责任提供了新方法。

　　第四，生态经济学理论中的生态经济系统论从理论上指导当下人们应如何协调发展，即寻找生态系统和经济系统的平衡和耦合，通过发挥人的主观能动性等实现生产、生活和生态"三生协调"。这告诉我们，绿色发展过程中应合理配置各项要素，实现生态经济系统的良性循环。随后衍生出来的生态服务理论虽然在学术界有过不同的理解差异，如戴利（Daily，1997）和科斯坦萨等（Costanza et al.，1997）就对生态系统服务进行过不同解释和阐述。而瓦克纳格尔和里斯（Wackernagel and Rees，1997）及格罗特（Groot，2012）分别采用生态足迹等不同的方法对生态服务价值做过评估，但生态服务理论的出现让生态服务价值得以定量化，也更加论证了生态经济学思想对现实的解释，从不同角度也反映了绿色发展的意义和价值所在。生态经济系统具有生态与经济两个系统的双重性特点，就是由经济系统和生态系统相互作用、相互影响、相互耦合而成的复合系统。其中，生态系统通过自然资源为经济系统提供物质基础，经济系统为生态系统以及自然资源的开发利用与保护创造条件。经济系统与生态系统之间的耦合具有必然性，但两者之间的耦合无法自动完成，必须通过技术中介以及人类劳动过程中所形成的物质循环、能量转换、价值增值和信息传递的结构单元相互整合而成。人类对生态经济要素进行合理配置，应遵循互利共生、适度规模、最大功率、同步运行以及立体布局 5 大原则，只有对生态经济结构进行合理的配置才能对生态经济区域进行综合的调控。人在生态经济系统的主观能动性和生态经济相互作用的双重可能性表明，生态经济协调发展的规律具有长期性和滞后性的特点，现代经济社会协调发展的综合目标要以生产发展、生活提高、生态改善相统一。这些论断对于绿色发展过程中如何合理配置人口、环境、资源、技术等各类生态经济要素，打好生产、生活和生态"三生协调"发展持久战，促进生态经济系统的良性循环提供了理论指导。自然资本，包括自然资源总量、生态环境质量、生态潜力和各种环境要素的总体使用价值 4 个方面。其中，自然资源的总量与质量决定生态的再生产潜力，生态的再生产潜力又决定着生态环境对废弃物的循环转化能力，而这种能力又反过来对生态环境的质量造成影响。这 4 个组成部分相互依存、相互制约，形成有机统一整体，决定了生态系统对人类的总体价值。自然资本在当前社会生产过程中已经成为稀缺要素，在人造资本增加的同时必然消耗更多的自然资本，从而加剧自然资本的稀缺性。自然资本理论认为自然资本的特征与传统的物质资本和人力资本相比存在着异同：这二者之间的相同之处在于，自然资本与物质资本和人力资本一样具有价值和使用价值的二重性；不同之处在于，相较于人力资本，自然资本具有整体增值性、长期收益性、开放性与融合性、双重竞争性、极值性、不动性与逃逸性、替代性与转化性、空间分布的不均匀性和严格的区域性 8 大特征。这些观点有助于我国在绿色发展过程中正确认识自然资本并对其进行合理利用。生态系统服务和功能是指自然生态系统和其所包含的相关物种用以维持和满足人类生存的环境条件以及在自然生态发展过程中所形成的用以维持生物多样性并生产各类生态系统产品的过程。生态服务由自然资本存量的物质流、能量流和信息流以及制造业服务和人力资本服务所组成，为人类创造福利。瓦克纳格尔和里斯（Wackernagel and Rees，1997）则反对采用货币来核算自然资本的价值，提出采用生态足迹核算工具和建立自然资本账户的方式来评估生态服务价值等。尽管学界对生态服务的理解存在一定差异，但该理论的出现使得生态经济学理论能够进行定量分析并得以检验，极大地增强了生态经济学的现实解释力和生命力。格罗特（Groot，2012）等则将生态服务分为资源提供服务、调节服务、栖息地服务和文化服务 4 大类，并对五大洲的 300 多个案例的 22 项服务内容进行价值评估等。生态服务理论对生态服务价值的判定与评估从不同角度论证了绿色发展的价值与意义，也为测度绿色发展的价值提供了方法与手段。

第五，可持续发展理论是绿色发展理念提出的重要理论基础和行动准则，也是新时代绿色发展的终极目标。1987 年，世界环境与发展委员会（WECD）在《我们共同的未来》报告中强调资源可以永续利用的"可持续发展"，不仅强调当代人与人之间的资源分配利用，而且追求代际之间的公平性，在不损害后代人的利益基础上，实现当代人与生态、经济及社会的协调发展。该理论内容上涉及到经济、生态、社会、技术等的可持续发展，并提出公平性、持续性、共同性、时序性、发展与质量这六大必须遵循的原则。公平性原则强调的是发展成果必须追求代内公平和代际间两方面的公平，注重资源分配利用在当代人与人之间和代际间的公平性、不同区域之间发展机会的均等性；持续性原则强调经济社会发展必须在自然资源与生态环境的承载力范围之内，要通过利用低碳发展、循环发展、生态发展等发展模式改变传统经济与环境之间的极化发展关系，实现人与自然的协调共生；共同性原则强调可持续发展是全球发展的总体目标，要实现这一总体目标需要全球共同遵守各项可持续发展规则，联合行动，互助互利，互惠共生，共同实现全球的可持续发展；时序性原则强调处于不同发展阶段的国家或地区在可持续发展过程中应当承担不同的责任与义务；发展原则强调大力发展生产力依然是满足人类需求、解决生态环境问题的基础；质量原则强调在经济社会发展过程中更应注重发展质量的提升，凸显经济、生态、社会、政治、文化各方面的全面进步。

正是基于以上国内外相关理论的支撑，绿色发展理念得以提出，并逐步完善和成熟。国内绿色发展理念大致经历了 3 个阶段的演变推进：第一阶段为古代零星的绿色发展思想的萌芽；第二阶段为马克思主义绿色发展观的凝练；第三阶段为中国特色的系统的绿色发展观的形成。

（1）古代零星的绿色发展思想。中国古代儒家的"天人合一"、道家的"道法自然"和"崇尚自然"、墨子的"节俭则昌"等绿色发展思想为我们认识经济发展和环境保护关系提供了正确的思想武器。人是大自然生命进化的产物，"天人合一"是中国古人对人与自然关系最富哲理的表达。所谓的"天"是指自然之天，"仁者以天地万物为一体"，人与天、地、万物是和谐相通的整体，人对自然万物应"取之有节"。孔子主张的"断一树，杀一兽，不以其时，非孝也"就是儒家的"可持续"思想的代表。它将保护自然生态的责任提高至类似于孝道的道德高度。道家反对杀生，主张宇宙天地间万事万物存在有合理性，人也只是自然的一分子，应该尊重爱惜一切生命。庄子提出的"天地与我并生，而万物与我为一"，强调人与自然共生共长。韩非子在其《韩非子·难一》提到的"不涸泽而渔，不焚林而猎"也是古人主张保护自然的体现。

（2）马克思主义绿色发展观。与传统"增长至上"的功利化和工具化的自然观（相信人类作为主体对作为客体的自然拥有绝对的支配力，通过科技的不断提升，最终可以穷尽自然的奥秘，历史地走向或逼近绝对主体的地位）不同，马克思主义的绿色发展观是对近代功利化自然观的根本性变革，蕴含了极其丰富的生态内涵。马克思、恩格斯的人化自然观（金瑶梅，2016）、生态文明观（纪璇和林晶，2019）等思想寓意着马克思主义绿色发展观的产生。生态学马克思主义从生产领域、消费领域、价值观念等领域来论证生态危机是资本主义生产方式的必然及人与自然必须和谐相处等思想，是绿色发展的直接理论来源（刘玉高和陶泽元，2016）。马克思和恩格斯十分肯定科学技术在提高原料利用率和促进资源循环使用上的作用，这也体现了早期就已显现了科技支撑绿色发展的思想。

（3）中国特色的系统绿色发展观。习近平总书记关于为什么要推进绿色发展、推进什么样的绿色发展以及怎样推进绿色发展等重大理论和实践问题的回答，形成了具有中国特色的系统绿色发展观。① 关于为什么要推进绿色发展，习近平总书记从"生命共同体"的高度做了回答。他指出人与自然是生命共同体，人类必须与自然和谐共生。同时，还指出了人与自然和谐共生的绿色发展直接关乎到人民福祉和民族未来。关于推进什么样的绿色发展及怎样推进绿色发展，习近平总书记以"我们既要绿水青山，也要金山银山。宁要绿水青山，不要金山银山，而且绿水青山就是金山银山"等"两山"理论做了回答。习近平总书记主张实行最严格的生态保护制度、建设美丽中国、共谋全球生态文明建设，提出要牢固树立生态红线；像保护眼睛一样保护生态环境，像对待生命一样对待生态环境等生态保护观点。针对发展与环保的关系，他又提出了要坚持在发展中保护、在保护中发展；加快构建绿色生产体系，大力增强全社会节约意识、环保意识、生态意识；坚持绿色发展是发展观的一场深刻革命等绿色发展思想。② 习近平绿色发展理念不仅丰富并发展了马克思生态思想内涵，还拓展了马克思生态人本、生态科技及生态和谐等思想。其内在要旨包括：生态兴则文明兴，生态衰则文明衰；转变经济发展方式，实现绿色新常态；彰显"五位一体"战略布局，增强顶层设计；发展绿色 GDP，实现民生福祉。

2.2 绿色发展的概念和内涵研究

绿色发展概念的认知和提出是一个循序渐进的过程。随着人类环保意识的加强及人类社会发展模式的演进，国内外研究者对绿色发展的定义和内涵也有不同的认识和界定。

绿色发展的概念可以说是从 20 世纪 60 年代循环经济和随后的绿色经

---

① 中共中央宣传部．习近平新时代中国特色社会主义思想学习纲要（2023 年版）［M］．北京：学习出版社，人民出版社，2023：222－231．

② 中共中央文献研究室．习近平关于社会主义生态文明建设论述摘编［M］．北京：中央文献出版社，2017：29－56．

济、生态经济、低碳经济、可持续发展等一系列概念中衍生发展而来。2008年世界金融危机以后，为解决现实需求，学术界开始综合考虑发展与可持续问题，提出新背景下的绿色发展（主要包括绿色化、绿色增长、绿色转型、绿色发展），并赋予其新的内涵。纽约大学全球环境发展项目研究将"绿色化"定义为企业对生态环境感知、思考和行动的变化过程（Gladwin，1991）。2005年，联合国亚太经社会委员会（UNESCAP）提出"绿色增长"是建立以可持续发展和减少贫困为背景下的绿色经济的先决条件，也是实现可持续发展的一种战略。2008年，联合国环境规划署（UNEP）则认为"绿色经济"应该是可以提升人类福祉和社会公平，还能降低环境风险和生态稀缺的一种经济，并鼓励全球的政策制定者们在可持续发展的背景下支持环境投资。2009年，国际经济合作与发展组织（OECD）定义"绿色发展"是一种既要保证为人类幸福提供永续的资源和环境服务的同时还能兼顾促进经济增长的发展模式，但此时绿色发展尚未形成完整的理论体系。随后又有了"绿色增长"概念的提出。2011年，OECD将绿色增长定义为一种既能保持经济稳定发展，又能防止资源和能源浪费、环境污染、生态破坏、生物多样性丧失的增长方式。而后，绿色发展对国家的作用和各国绿色转型过程中遇到的困难及解决方法等各种问题逐渐被重点讨论。世界银行（World Bank）和联合国环境规划署（UNEP）2012年分别对"绿色增长"和"绿色经济"给予了定义。

目前，国外关于绿色发展内涵的认知各有不同的侧重：第一种是侧重在经济发展过程中减少碳排放，以应对气候变化为重要目标；第二种是侧重经济绿色增长，主张绿色清洁产业可能成为新的经济增长点；第三种是以兼顾社会进步为逻辑归宿，强调社会包容性。国外学者格雷德尔等（Graedel et al.，1995）、莫特洛赫等（Motloch et al.，2008）及联合国工业发展组织（UNIDO）还将绿色发展延伸至工业领域，针对工业行业绿色发展内涵作出了解释。

国内学术界对绿色发展的相关研究起步相对较晚，但近年来呈现快速发展的趋势，从20世纪90年代开始，对于发展观及绿色发展理论问题的研究方面，国内学者的关注度越来越高。在绿色发展研究方面，胡鞍钢是国内学术界对这一思想进行研究较早的学者。虽然学术界依然未就绿色发展内涵形成统一的概念界定。概念宽度上，有的学者更加强调经济和生态两大系统的协调统一，但有的学者强调经济、生态和社会 3 大系统的协调统一，主张绿色发展不能缺少和谐的社会系统。但现有研究成果对绿色发展认识有着本质共识（胡鞍钢和周绍杰，2014），认为绿色发展是一种兼具资源节约型、环境友好型、社会进步型的新型发展模式，既能实现生态效益又能保障经济效益和社会效益，包含"经济发展、资源节约和环境保护、社会福利增进" 3 大核心要素（邬晓霞和张双悦，2017），更加注重经济发展与社会进步及生态建设的统一与协调（张哲强，2012）。

按认知深度可将绿色发展的概念和内涵划分为早期的可持续发展观和当前的绿色发展观。

第一，早期的关于绿色发展的可持续发展观。关于绿色发展的可持续发展观包含以下 3 种立论依据：①资源环境承载力制约。基于资源环境承载力制约的可持续发展观强调冲破资源环境承载力的约束，寻求达到经济增长与资源环境消耗的脱钩，依靠高科技以人造资本代替环境和自然资本、保护生态环境、解决经济发展与环境保护冲突问题，追求人与经济、社会、资源环境可持续发展，是对发展本质、规律和趋势的理性把握，是具有中国特色的当代可持续发展新形态。②资源环境要素投入。基于资源环境要素投入的可持续发展观，强调处理好当前需求和未来需求，将环境资源作为社会经济发展的内在要素，依靠科技进步、人力资源和绿色改革，提高生产率，尽最大可能用最少的资源实现最大的经济效益、生态效益和社会效益，统一协调经济、社会和生态 3 方面的关系，保障经济、社会和生态同步朝着良好的方向持续发展。③资源环境承载力制约和资源环境要素投入。基于资源环境承载力制约和资源环境要素投入的可持续发展观则主张在环境污染治理、生态修复、循环经济、清洁生产、国土空间规划等各方面要兼顾经济发展、社会发展和资源环境承载力。人类在经济社会发展过程中要充分考虑生态环境的承载能力，根据现有的生态环境容量有的放矢，否则就难以实现经济、社会与生态环境协调可持续发展和"三生"和谐共赢。生态环境承载能力一旦超负荷，反过来作用于经济与社会，不仅危害人类健康幸福，而且影响经济社会发展的永续性。绿色发展的可持续发展观虽然是区别于以往传统粗放发展模式的一种创新，在一定程度上确实深化了可持续发展，但关于为何选择"绿色发展"这个问题并没有给出很清晰的答案，导致绿色发展的可持续发展观在实践指导和现实操作方面缺乏强有力的说服力（张治忠，2014）。

第二，当前的绿色发展观。绿色发展观循序渐进，依次经历了生态资本论、绿色生产力论和绿色资产论。生态资本论重视生态资源节约利用和生态环境建设，以维持生态资本存量的非减性（邓远建等，2012），强调通过绿色创新这一基本途径，使生态资本不断增加，人们在生产过程中尽量降低资源消耗和废弃物排放的同时，合理地进行适度消费，保证生态资本存量不减少，为后续的经济社会发展提供充足的生态资本供应，实现人与自然及人与人之间的和谐共处。绿色生产力论强调经济发展可以通过绿色生产来摆脱对资源使用、碳排放和环境破坏的过度依赖，即生产消费绿色产品，引导绿色投资，创造绿色的科学技术，发展绿色经济，让经济发展不再是单纯的消耗资源和破坏生态环境，也让资源环境不会成为经济可持续发展的约束。绿色资产观，以资源承载力与生态环境容量为客观基础，在实践中转变发展方式，发展绿色化经济，让绿色带动发展，使人类在享受源源不断的绿色福利的同时，绿色资产价值还得到提升（薛丁辉，2017），以人与自然的共荣和人与自然的和谐为本质内涵，强调和谐是基本的、是绿色发展的最低目标，人与自然共荣是绿色发展的终极目标，而绿色资产论的宗旨和目标则有机统一了生产发展、生活富裕和生态繁荣，是发展的最高境界，它以人与自然不仅和谐还共同发展为终极目的。

综上可见，当代绿色发展观与早期的可持续发展观是一脉相承的，都是对传统发展模式的改革创新，都以资源环境承载力作为经济社会永续发展的基本前提，但不一样的地方是，早期的可持续发展更加侧重结果导向，强调社会可持续、经济可持续和资源环境可持续的结果。而当代绿色发展观更强化突出人的主观能动性，人类可以通过生产、消费、投资和技术绿色化来创造绿色资本价值，提高资源环境承载力。因此，从这个角度来看，绿色发展观是一种更加侧重过程导向的发展观，具体区别主要体现在对生态环境的认识和实践目标两方面。在对待生态环境上，可持续发展主要以保护生态环境为手段来实现生态环境的代际公平和持续性。而绿色发展突出既要保护生态环境，更重要的是创造绿色资产，真正把生态环境纳入发展模式与经济社会同步实现发展。在实践目标上，可持续发展要求当代人在生产实践中尽量减少生态环境资源的消耗，给后代人留下充足的生态环境资源以满足后代人的需要。绿色发展则是强调当代人可以以绿色创新为途径，创造更多的绿色资产，不仅追求满足当代人和后代人对生态环境资源的需要，还以谋求更高的生态盈余为目标。可见，绿色发展无论是对生态环境的认识还是实践取向上，都是对可持续发展的深化。

通过梳理绿色发展相关概念内涵研究发现，关于绿色发展的概念内涵虽然存在争议，但是也在研究中逐渐形成了共识。绿色发展是指在经济增长和发展过程中，以人与自然和谐为初级目标，以人与自然共荣为高级目标，以绿色资产促进技术进步，以绿色消费满足居民需求，实现生产发展、生活富裕、生态良好的有机统一。绿色发展的内涵包括 3 个方面：首先，实现经济增长和发展是前提和保障；其次，以绿色技术推动绿色发展和绿色需求是途径；最后，实现人与自然和谐共生是目标。这是进一步开展研究的基础。

2.3 绿色发展测度的对象和指标及方法研究

（1）绿色发展的测度对象。绿色发展的测度对象覆盖范围较广，国内外绿色发展的测度对象涉及不同地理空间和不同产业。

地理空间上，有全球各个国家和地区（Hall et al.，2006；Watanabe and Tanaka，2007；Jefferson et al.，2008；Oh and Heshmati，2010；Jarvis et al.，2011）和"一带一路"沿线国家和地区（李晓西等，2014；黄健柏等，2017）等，也有某一个国家及其内部的区域省份（王建民等，2019；王勇

等，2018；程钰等，2019；Wang et al.，2017；Fu et al.，2018）、城市群（黄跃和李琳，2017）、城市（罗宣等，2017）及乡村（谢里和张斐，2017；程莉和文传浩，2019）等层面的绿色发展测度。国内主要聚焦于省份和城市等县级以上地理空间的研究。

产业上，国内外关于绿色发展测度的研究覆盖至工业（苏利阳等，2013；徐成龙和庄贵阳，2018；Hou et al.，2019；Yao et al.，2019）、制造业（袁宝龙和张坤，2017；张峰等，2018）、农业（李文华和熊兴，2018；魏琦等，2018；金赛美，2019）、矿业（高苇等，2018）、服务业（贺爱忠，2011）、流通业（贺爱忠等，2013）等行业（李琳和张佳，2016；Zhang et al.，2018）或产业（李琳和楚紫穗，2015；何剑和王欣爱，2016；高红贵和赵路，2019；张国俊等，2019）等多行业领域，甚至还有部分以企业为对象（王丽霞等，2018；唐勇军和李鹏，2019），具体见附表1。但对于工业领域的绿色发展效率研究尤为丰富，如哈尔等（Hall et al.，2006）采用区域投入产出方法对美国绿色产业的经济效应进行评估。渡边和田中（Watanabe and Tanaka，2007）基于绿色全要素生产率，评价中国工业绿色转型水平。杰斐逊等（Jefferson et al.，2008）构造包含资本存量、劳动力存量和工业经济存量的工业企业投入产出面板数据估算工业绿色全要素生产率。艾大特（Eiadat et al.，2008）、卡里翁·弗洛雷斯和英尼斯（Carrion-Flores and Innes，2010）、奇奥等（Chiou et al.，2011）选择绿色工艺专利数、有毒气体排放量等指标评估工业绿色发展水平。本间聪和胡金林（Honma and Hu，2014）通过随机前沿分析法测算工业绿色发展效率。邵帅等（2016）测算了上海市工业的绿色全要素生产率，识别了主要影响因素，还评价了具体的绿色转型效果。

（2）绿色发展测度的指标及方法。国外对绿色发展的测度和评价包括两种方法，第一种是通过核算绿色国民经济指数或可持续发展指数等来衡量绿色发展程度。例如，早期联合国曾为世界各国发布过"千年发展目标"，包括共同减少贫困、改善医疗保健服务、提升教育水平等可持续发展的目标，但并没有提供一套详细的可以衡量世界各国可持续发展水平的评价体系。随后，耶鲁大学和哥伦比亚大学就通过共同测算并公布环境可持续性指数（ESI）来实现对各国可持续发展水平的定量测度，填补了可持续发展量化指标缺失的空白。还有 OECD 也选取过 23 个具体指标分别考察环境和资源生产率、自然资产基础、生活质量的环境因素、经济机遇和政策响应 4 个方面的情况，通过构建包含经济、环境和人类福祉等维度的绿色增长指标体系来评价绿色发展程度。联合国环境规划署（UNEP）同时也提出一套包括经济转型、资源效率、社会进步和人类福祉 3 方面的绿色经济衡量框架，供各国制定相关绿色发展政策参考。第二种是通过构建多指标测度体系测算绿色发展指数来反映绿色发展状况，具体主要包括环境效率指数、绿色经济增长效率和绿色发展效率 3 种方式。测度对象方面分为国家层面和省份层面。国家层面大多集中在对 OECD 成员国的环境效率研究。例如，扎伊姆和塔斯金（Zaim and Taskin，2000）基于 1980~1990 年 25 个 OECD 成员国的面板数据测算各国环境绩效指数，结果发现，环境绩效在考察期呈现"U"型变化特征，即先下降至最低点，然后扭头逐步提高。法尔等（Färe et al.，2004）、阿塞卢斯和阿罗塞纳（Arcelus and Arocena，2005）及拉希迪和萨恩（Rashi-di and Saen，2015）利用 DEA 模型分别测算各 OECD 国家的环境效率指数、绿色生产效率及生态效率指数，其中，阿塞卢斯和阿罗塞纳（Arcelus and Arocena，2005）还进一步研究了最小化污染物排放量、最大化期望产出、增加期望产出的同时减少污染物排放，以及完全忽略非期望产出 4 种策略对各国绿色生产效率的影响。周等（Zhou et al.，2007）利用非径向的 DEA 模型，测度并比较了 26 个 OECD 成员国 1995~1997 年的环境绩效指数大小，并发现技术进步能有效推动环境绩效提升。纳曼等（Nahman et al.，2016）、卡斯特兰（Kasztelan，2017）分别通过构建多维度多指标的绿色经济绩效综合指标体系和绿色发展指标体系，测度比较了全球多个国家的绿色经济发展水平。前者发现碳足迹高或过于依靠矿产资源开发的国家的绿色经济绩效普遍比较低，后者通过采用 Hellwig 分类法对所属不同绿色发展水平的国家进行归类后发现研究对象的绿色发展水平整体较低，基本处于第四梯队。省份层面，科利等（Coli et al.，2011）采用 DEA 模型测算意大利各省份的环境效率发现意大利各省份的环境效率值普遍较高，从区域均值可以发现东北部的环境效率大于南部。

国内学者借鉴国外绿色发展测度的研究成果，对中国绿色发展水平及绿色发展效率进行不同层面及不同方法的探索研究。其中，不同层面主要涵盖省份及城市，不同方法主要集中在通过单个或多个绿色发展指标、绿色发展综合指数及绿色发展效率。①绿色发展指标。绿色发展指标是指单个或多个具体的体现绿色发展的指标。李少林和陈满满（2019）以空气质量、能源效率和居民能源消费衡量绿色发展。田晖和宋清（2018）以单位 GDP 工业烟尘排放、单位 GDP 工业废水及烟尘排放量、单位 GDP 工业二氧化硫（SO_2）排放量衡量城市绿色发展。刘耀彬等（2017）以单位污染所创造的 GDP、和立道等（2018）以能源消耗、环境质量和空气污染衡量绿色发展。②绿色发展指数。绿色发展指数是指选取一系列方方面面的具体指标，通过熵值TOPSIS 法、熵值法、线性加权综合法、因子分析法、专家赋权法等方法测度的一个综合指数。绿色发展指数测度的指标体系涉及的对象和具体指标都较多，尤其是县级以上地理空间的指标体系研究文献较多，涉及的具体指标多而杂，大多数指标仅被极少数研究者纳入，这说明关于绿色发展测度指标体系尚未形成共识，甚至存在认识偏差。绿色发展指数的测度方法主要有熵值 TOPSIS 法、熵值法、线性加权综合法、因子分析法、专家赋权法等，各种评价方法的优劣在此不再赘述。③绿色发展效率。绿色发展效率则主要是以若干工业环境污染排放指标为非期望产出，以 DEA、SBM-DEA、Super-SBM、SBM-DDF、GNDDF、EBM、环境 RAM 模型为经济效率测度方法，反映地理空间工业绿色发展的一种效率值（Zhou et al.，2007）。除了涂正革和甘天琦（2019）以农业、谢里和张斐（2017）以农村、高苇等（2018）以矿业为对象外，绿色发展效率的研究几乎都以地理空间的工业为对象。所涉及到的指标大都是工业绿色生产的指标，而没有体现出地理空间主体的绿色生活。

不同的绿色发展测度方法各有侧重、各有优缺。绿色发展指标是以单个或多个具体指标衡量绿色发展，属于抓重点的分析方法，优点在于针对性和可操作性较强，但仅凭个别指标来评价绿色发展水平难免会有偏颇，导致测度偏差。绿色发展指数属于系统全面地评估地理空间及其对应行业的绿色发展水平，虽工作量大、系统性强，但便于全面地比较和分析。然而，指标体系尚未形成共识，甚至存在认识偏差。而且指标选择上大多侧重于经济发展和绿色生产方面的考量，对绿色生活考量的指标欠缺，而绿色生活将越来越重要。中国严峻的环境形势迫使我们认识到了绿色发展的重要性和紧迫性，以绿色生产代替传统生产、以绿色产品替代传统产品势在必行。随着绿色产品越来越多，只有提高居民环保意识、实现绿色产品购买，才能实现人与自然和谐共生。因此，绿色发展测度中忽略反映绿色生活的指标难免导致测度结果存在偏差。

2.4　绿色发展影响机制与提升路径研究

国外学者对绿色发展影响机制与提升路径的研究主要集中在政府管理制度、技术创新、产业发展等角度。

（1）政府管理制度。如莫里森和罗伊（Morrison and Roy，1995）认为，只有生态民主的政府管理制度才能加速推动工业型社会向生态型社会转变。克莱夫·格兰杰（1996）同样也论证了政府管理政策对绿色发展的推动作用。布莱恩（Bryan，2005）主张政府适当干预管理生态系统是十分必要的，他认为政府制定系列生态管理政策是有利于绿色发展的。特里克和帕朴克（TRICA and Papuc，2013）也强调政府具备明确的生态管理目标，将有利于提升社会整体的生态环境认知，对助力实现绿色发展有积极的作用。洛雷克和斯潘根贝格（Lorek and Spangenberg，2014）主张社会制度与时俱进可以减少能源等资源的消耗，有利于绿色发展。杜雷尔等（Dulal et al.，2015）发现政府管理制度或政策创新，尤其是财政政策的创新有利于提高当地的绿色发展水平。同时，他们对比发现，政策创新率较高的亚洲地区的绿色发展状态较好。

（2）技术创新。关于技术创新对绿色发展的影响机制，国外学者不约而同地得出一致的结论，即技术创新正向作用于绿色发展。只是不同学者因选取的技术创新衡量指标不同，导致技术指标推动绿色发展的传导机制各有侧重。如皮埃尔－安德烈和克里斯蒂安（Pierre-André and Christian，2013）认为绿色技术创新主要通过提高生产效率、资源利用率来驱动绿色发展，技术创新能推动新能源开发利用和促进绿色生产方式与绿色消费方式的转变。而里克和塞斯（Rick and Cees，2013）研究发现环保研发补贴与税收政策相结合能促进企业进行清洁生产技术的研发和应用，从而减少企业污染排放，利于绿色增长。鲍恩和赫伯恩（Bowen and Hepburn，2014）、萨马德和曼苏尔（Samad and Manzoor，2015）、沃尔兹等（Walz et al.，2017）一致认为绿色技术创新是绿色增长和可持续发展的关键、核心因素。不论是新兴工业化国家还是传统的 OECD 国家，技术创新能力都是国家绿色发展的助推器。

（3）产业发展。国外不同的学者在研究产业对绿色发展的影响时，虽然实证检验对象存在差异，如马修（Mathew，2012）、金（Kim et al.，2014）选取的对象是韩国的产业对其绿色发展的作用，希罗尼塔（Shironitta，2016）更是对比了全球 40 个国家的产业结构对各国经济绿色发展的影响，但多数研究都得出一致结论，那就是一个国家的产业结构是决定该国家绿色发展水平的关键因素。优化产业结构、使产业体系更偏向绿色化，将会改善绿色发展状况。

绿色发展的最终落脚点是如何提升绿色发展水平。关于这一点，国内学者也纷纷展开研究，主要集中在政府、市场和公众 3 个层面。其中，张华等（2017）认为公众诉求能提升绿色发展效率，而政绩诉求会降低绿色发展效率。当公众诉求水平大于政绩诉求时，为"自下而上"的推动机制，即公众诉求通过促使政府加大环保支出或提高环境规制强度，从而有利于绿色发展效率的提升，还能促使"波特假说"效应早日出现。当政绩诉求大于公众诉求时，则为"自上而下"的阻碍机制，即为了追求更好的政绩放松环境监管，从而阻碍了绿色发展效率的提升，且沿江城市的阻碍效应小于非沿江城市。少数学者就公众诉求对绿色发展的影响展开实证研究，国内多数学者主要是从政府和市场层面的不同切入点来研究绿色发展提升路径。

（1）政府。结合中国基本国情和制度，国内学者们多选择从政府层面的地方竞争、环境分权、环境规制等视角切入，具体如下。

第一，地方竞争视角。随着中国经济发展和环境污染严重，官员考核中纳入了环保考核，官员激励由"为增长而竞争"模式转变成"为绿色发展而竞争"模式。在"为增长而竞争"模式下，经济增长是关系到地方官员晋升的重要政绩考核指标之一，上级政府掌握着下级政府官员的人事任命权，因此地方政府官员为了实现晋升会尽全力完成或者超额完成政绩考核（周黎安，2007）。政绩诉求越大的地区，城市绿色发展的阻力越大。在增长诉求、就业诉求、财政诉求3个体现政绩诉求的具体指标中，按其对绿色发展的阻力从大到小排序依次是增长诉求、就业诉求、财政诉求。可见，增长诉求对绿色发展的阻力最大。具体体现在：当增长诉求越大时，官员越倾向于放松环境规制，以"高投入、高消耗、高排放"的粗放型生产方式追求短期的"高增长"，不利于绿色发展。反过来，如果上级政府越重视环境问题，政绩诉求对绿色发展的负面作用就会减弱。地方政府竞争程度体现为环保财政支出和税收收入的竞争程度。在环保财政支出方面，张腾飞和杨俊（2019）研究发现环境保护财政支出和绿色发展效率存在倒"U"型关系。在税收收入方面，王华春等（2019）研究发现税收竞争有利于当地绿色发展效率的提高，不利于邻近地区的绿色发展。其中，东部地区各省份之间的税收竞争是趋优竞争，对绿色发展效率有显著的促进作用。中西部地区各省份的税收竞争属于趋劣竞争，对本地区和相邻地区的绿色发展效率起到了抑制作用。而李子豪和毛军（2018）、何爱平和安梦天（2019）的研究则显示，税收竞争通常是地方政府经济竞争及地方官员晋升竞争的重要载体，各地为了"保税收""保增长"，往往忽略生态环境的保护，使各地区自身与其相邻地区的绿色发展效率都下降。

第二，环境分权视角。李光龙和周云蕾（2019）研究表明，环境分权有利于绿色发展指数的提高。但环境分权对绿色发展指数的影响程度和影响方向会受地方政府竞争程度的影响，因为环境分权和地方政府竞争有交互效应，随着地方政府竞争程度的加剧，环境分权对绿色发展指数的影响作用由强转弱，甚至变为负向作用。邹璇等（2019）研究了不同的环境分权类型对区域绿色发展效率的异质性影响，结果发现，总的环境分权及环境行政分权、环境监测分权程度越高，越有利于区域绿色发展效率的提高，而环境监察分权程度越高，反而不利于区域绿色发展效率的提升。环境分权与财政分权之间存在负向的交互作用。和立道等（2018）研究发现环境保护财政支出能够降低能耗，但是会导致空气污染。刘建翠和郑世林（2019）则发现财政分权能够降低环境污染，环境治理强度对低污染行业绿色技术效率有显著正影响。

第三，环境规制视角。不同学者研究环境规制与绿色发展效率之间的关系，得出的结论不一致，有促进（张治栋和秦淑悦，2018）、抑制（李雪松和曾宇航，2019）和"U"型曲线（张华等，2017）3 种不同结论。从环境规制工具类型看，命令型与市场激励型环境规制均有利于工业绿色发展效率提升，其中，命令型环境规制的这种作用更强，公众参与型环境规制并不能有效提升工业绿色发展效率（杨仁发和李娜娜，2019）。环境规制对绿色发展效率的影响还呈现出区域异质性和行业异质性。东部地区环境规制能显著提高工业绿色发展的效率（郝淑双和朱喜安，2019），中西部地区两者之间则存在"U"型关系。环境规制仅仅促进了重度污染行业的绿色发展效率，对中度和轻度污染行业具有抑制作用，"波特假说"仅在重度污染行业得到验证（袁宝龙和张坤，2017）。还有学者研究具体某个环境规制政策对绿色发展的影响。如"煤改气电"政策实施减少了工业烟粉尘排放量，减少了人工煤气和天然气用气人口数量（李少林和陈满满，2019）。智慧型城市试点提升了智慧型城市绿色发展指数（田晖和宋清，2018）。"两型社会"综改区建设通过提升人力资本和降低环境污染水平两个实际机制促进了城市绿色发展效率（李卫兵和张凯霞，2019）。提高排污费会抑制绿色发展效率，其中对经济发展水平较高、第二产业占总产值比重较高以及技术水平较低的地区的抑制作用尤其明显。

（2）市场。国内学者基于市场层面研究绿色发展的影响机制及提升路径主要从技术研发、产业发展、金融发展 3 个视角切入。

第一，技术研发视角。国内大部分学者通过实证检验发现技术进步是正向作用于绿色发展效率的（车磊等，2018），但技术对绿色发展效率的影响存在指标异质性和空间异质性，即因为不同学者选用不同的指标来衡量技术研发情况，导致技术对绿色发展效率的影响也略有差异，有些还存在正负方向的差异。比如刘建翠和郑世林（2019）研究发现，研发投入提升了绿色发展效率，而研发人员对绿色发展效率有显著负影响。再比如陈瑶（2018）研究结果显示，R&D 投入强度对工业绿色发展效率产生显著的正向影响，而 R&D 投入规模以及 R&D 成果转化因素则产生负向影响。再如杨宏伟等（2019）认为，科技创新能力对工业绿色发展指数有显著的积极作用。技术对绿色发展效率的影响也存在空间异质性，即技术进步对不同地区绿色发展效率的作用也不尽相同。如郝淑双和朱喜安（2019）实证发现，技术创新对中国东部地区绿色发展指数的促进作用最大。李雪松和曾宇航（2019）实证结果也显示 R&D 投入规模、R&D 投入强度、R&D 经费支出及科研成果等反映技术创新的指标对中国东、中、西部 3 大区域的绿色发展效率的影响存在明显差异。

第二，产业发展因素。产业结构指标对绿色发展效率的作用不一致。有的研究发现产业结构对绿色发展效率有推动作用。比如产业结构调整、产业结构合理化和高级化提高了长江经济带 108 个地级市的绿色发展效率（吴传清和黄磊，2018）。产业结构优化度、市场化程度与城镇化水平对丝路中道 10 个省市的工业绿色发展指数有显著的积极作用（杨宏伟等，2019），承接产业转移对安徽地级市的工业绿色发展指数起到了显著的推动作用（傅为忠等，2018）。还有的研究发现，产业结构对绿色发展效率有抑制作用。比如产业结构阻碍了中国 30 个省份（车磊等，2018；李雪松和曾宇航，2019）、长江经济带 105 个城市的绿色发展效率（李爽等，2019）。工业化程度的提高导致了绿色发展效率的下降（王兵和侯冰清，2017）。此外，城镇化程度代表了农业人口转为非农人口和产业结构的演变。王兵等（2014）对城镇化是如何影响绿色发展效率展开过细致的研究，他们将城镇化以居民城镇化、土地城镇化、就业城镇化、经济城镇化和综合城镇化表示，然后考察这些指标对绿色发展效率的作用，发现有的是正向促进，有的是负向抑制，还有的是先抑制后促进。产业集聚指标对绿色发展效应的作用存在"U"型和倒"U"型关系（岳书敬等，2015）。外国直接投资（FDI）可以改善环境质量和空气污染，工业化水平提升导致能耗上升、环境质量改善和空气污染加重（和立道等，2018）。李雪松和曾宇航（2019）研究表明，FDI 与绿色发展效率正相关。而郝淑双和朱喜安（2019）的研究却表明，FDI 仅对东部地区的绿色发展指数有显著促进作用且具有空间溢出效应，中部地区工业比重提高不仅对本地区绿色发展指数有显著制约作用，且对邻近地区的绿色发展水平产生不利影响。

第三，金融发展因素。金融深化与绿色发展指标呈现库兹涅茨曲线的倒"U"型的关系（刘耀彬等，2017）。金融集聚与绿色发展效率的关系则相对更加复杂。袁华锡等（2019）研究发现，金融集聚与绿色发展效率的关系虽然是正向相关，但呈"梯度式"增强的形状，而纳入经济发展水平机制后，两者的关系又发生了变化，金融集聚对绿色发展效率的促进作用则是先逐步减弱后又逐渐增强。黄建欢等（2014）认为金融良好发展能促进当地绿色发展效率的提升，政府应在加大环境保护力度的同时制定系列引导金融支持更加偏向于绿色产业的政策，以提升当地绿色发展效率。但是为了确保政策的有效性，关键要加强对资金使用的监督，而非加大资金投入。

综上，国内外绿色发展的影响机制与提升路径研究多数停留在宏观政府管理层面和中观的产业层面，且研究不够深入全面，鲜有学者基于中国经济增长高速的事实本身反思检验绿色发展的影响机制与提升路径，而且微观层面的企业行为研究也较少。

2.5　简要述评及展望

通过梳理国内外绿色发展理论、概念内涵、测度对象及指标方法、影响机制与提升路径等方面丰富的研究文献，对于绿色发展的理论渊源及发展有了更清晰的认识，绿色发展的理论支撑已逐步完善和成熟。同时也对绿色发展的概念和内涵有了更深的理解，对绿色发展的测度及影响因素有了较为全面的把握。在肯定前人绿色发展研究成果的同时，也洞察到当前研究还有进一步完善和拓展的空间，这是未来研究应该着重解决的问题。

第一，绿色发展的概念内涵虽然存在争议，但是也在研究中逐渐形成了共识。只是当前绿色发展的概念内涵研究还多停留在辨析层面。多数文献对于绿色发展理论的阐释不够深入，尤其是缺乏结合主流经济理论来深入阐释绿色发展内涵，更少有构建数理模型来理论推导探究人与自然和谐共生的绿色发展均衡解，这导致对于绿色发展的讨论多停留在政策实践层面，难以从更深层次的理论上创新绿色发展路径。

第二，关于如何更准确地评估各地区的绿色发展水平始终还有探索的空间。一方面，绿色发展测度对象涉及不同地域不同尺度，在测度时既要考虑地域不同尺度、不同自然禀赋等特点的问题，又要兼顾统一指标及方法等口径，保证不同地区横向和纵向的可比性。另一方面，虽然国家及权威机构纷纷发布了《绿色发展指标体系》，但绿色发展水平测度对象广泛，测度指标体系迥异，尚未形成共识，甚至存在认识偏差。而且指标选择上大多侧重于经济发展和绿色生产方面的考量，对绿色生活考量的指标欠缺。而绿色生活将越来越重要，绿色发展测度中忽略反映绿色生活的指标难免导致测度结果存在偏差。这是未来可进一步完善的方向。

第三，绿色发展的最终落脚点是探索有效提升绿色发展水平的路径。当前，关于绿色发展的影响机制与提升路径研究多数停留在宏观政府管理层面和中观的产业层面，且研究不够深入全面，微观层面的研究也较少。很多学者从地方竞争、环境分权、环境规制等切入点研究政府环境管理对绿色发展的提升机制与路径，但鲜有学者基于中国经济增长高速的事实本身反思检验绿色发展的提升机制与路径。

由此可见，绿色发展研究领域前有"古人"丰硕的成果贡献，后还需要有"来者"继续努力，在以上方面进一步深入探讨，丰富和创新绿色发展理论和实证研究。

第 3 章

基于人与自然和谐共生的绿色发展：
DGE 理论框架与城市面板检验

人类社会发展模式包含 4 种：一是传统粗放模式，主张"先污染、后治理"；二是环境保护主义，主张为保护环境而停滞发展；三是可持续发展模式，要求资源环境能不断满足社会经济发展的需要；四是绿色发展方式，它要求物质资产和绿色资产①协同增值（黄志斌等，2015），要求人与自然共荣（邹巅和廖小平，2017）。从世界范围来看，随着资源、能源供给日益紧缺，生态环境不断恶化，"绿色工业革命"悄然发生，各个国家普遍从"黑色发展模式"转向"绿色发展模式"。对中国而言，坚持绿色发展更是当务之急。首先，中国原本就是人均自然资本②较为贫瘠的国家，持续 30 多年的经济粗放型高速增长，给原本紧缺的国内资源环境带来沉重负担。但我国依然属于发展中国家，资源环境已然成为制约我国经济社会可持续发展的重要瓶颈。其次，我国在能源消费和二氧化碳排放方面已取代美国居世界第一

---

① 相对于物质资产来说，绿色资产是指能够促进人与自然、人与社会、人与人和谐共处，保障经济、生态、社会安全，有利于人更好地生存与发展的各类自然资产、无形的精神资产和创造资产的总和。

② 自然资本是指能从中导出有利于生计的资源流和服务的自然资源存量（如土地和水）和环境服务（如水循环）。自然资本不仅包括为人类所利用的资源，如水资源、矿物、木材等，还包括森林、草原、沼泽等生态系统及生物多样性。

位，经济大国地位要与环境担当相匹配，因此我国要体现推动全球构建人类命运共同体的大国担当形象，就必须倡导绿色发展，从而为人类命运共同体的构建作出应有的贡献。

基于以上背景，中国提出绿色发展理念，并将其作为国家发展战略目标。城市代表着先进生产、幸福生活和社会进步，是人类生产生活和经济发展的高层次聚集地，而中国的城市却深受环境污染之殇。随着生活水平的提高，城市居民对环境的需求和期望提高了，传统粗放的"先污染、后治理"发展模式已经行不通了，绿色发展之路才是中国城市的必然选择和根本出路（胡鞍钢和周绍杰，2014）。

绿色发展主张人与自然共荣、经济与生态共赢。为模拟环境资源物质流[①]（陈效述和乔立佳，2000）在经济社会发展中发挥作用的动态过程，本章将环境资源作为特殊的生产要素引入动态一般均衡理论框架（DGE），构建一个纳入环境资源投入、环境规制、清洁技术研发、人力资本、经济增长等因素，包含最终产品部门、环境部门和清洁技术研发部门等七部门的内生经济增长模型，试图推导出实现经济与生态共赢、人与自然和谐共生的绿色发展均衡解，以此全新的方式拓展对绿色发展内涵及核心理念的理解。并在此基础上，以最终产品部门的物质生产函数和污染物排放量函数构建联立方程组，采用 2003 ~ 2019 年中国 286 个城市的面板数据实证检验中国城市实行绿色发展的必要性和紧迫性，为中国推行绿色发展提供理论支撑。

本章分为以下 5 个部分：一是综述环境与经济增长关系的文献研究，以提出本章的研究切入点；二是构建考虑环境资源投入和清洁技术研发等七部门的内生经济增长模型，并推导出实现人与自然和谐共生的绿色发展的均衡解；三是以中国 286 个地级及以上城市的面板数据为基础，实证检验中国城

---

①　环境资源物质流是指环境资源通过经济系统的流动，包括输入量、输出量和储存量 3 个部分。根据质量守恒定律，一定时期内经济系统的物质输入量应等于物质输出量与储存量之和。在环境资源储存量变化不大的情况下，环境资源输入量越大，则环境污染产生量就越多，用于污染处理的物质（能量）消耗相应增加；物质输入量越小，则环境污染产生量就越少，用于污染处理的物质（能量）消耗则相应减少。

市当前环境资源与经济增长的关系现状，论证中国城市走绿色发展之路的必要性和紧迫性；四是进一步的稳健性讨论分析；五是本章小结。

3.1 环境与经济增长关系的研究述评

国内外关于环境与经济增长关系的研究层出不穷。早期学者洛佩斯（López，1994）、塞尔登和宋（Selden and Song，1995）基于新古典经济增长模型探讨两者之间的关系。随着内生经济增长模型的兴起，博文贝格和斯马尔德斯（Bovenberg and Smulders，1995）、斯托克（Stokey，1998）、彭水军和包群（2006）、许士春等（2010）、黄菁和陈霜华（2011）等学者纷纷把环境因素作为生产要素纳入内生经济增长模型研究环境与经济增长的关系。需要指出的是，大部分学者在将环境引入生产函数的时候，往往并不是将环境本身引入生产函数，而是引入污染程度，作为外生变量来使用。

无论是新古典经济增长模型还是内生经济增长模型，越来越多的学者采用动态一般均衡理论框架研究资源环境各类指标与经济各类变量的关系，如陆建明和王文治（2012）将资源贸易和环境污染引入新古典经济增长模型，在动态一般均衡理论框架下研究了开放经济中资源使用效率提高和污染物排放系数下降两类技术进步的环境效果。黄茂兴和林寿富（2013）将环境作为内生变量分析其在可持续发展过程中的作用。梁洁等（2014）、杨翱和刘纪显（2014）通过构建动态随机一般均衡理论模型分别模拟分析了环境规制和征收碳税对我国经济的影响。张同斌等（2017）构建了包含环境治理体系的动态一般均衡模型，模拟了生产者补贴和技术研发补贴的政策组合对社会福利和污染物排放量的影响。孙建（2020）将技术创新、碳税税率等因素纳入包括居民、企业和政府3个部门的动态随机一般均衡理论模型中，研究了环保政策、技术创新对碳排放的影响。

综上，国内外对环境与经济增长关系的研究在理论和经验分析上均进行了较为成熟的探索，但仍有可拓展之处：有关环境与经济增长关系的理论模型研究虽然取得了丰硕的成果，但鲜有研究基于理论模型和实证结果解释论证绿色发展的内涵。大部分研究将环境污染仅作为生产过程中的"负产出"，即环境与经济增长的关系仅体现在产出端，这在一定程度上忽视了环境资源物质流的动态性和在生产过程中必不可少的投入要素属性。为了更好地体现环境要素在经济社会生产过程中的重要性，既要从产出端分析生产中产生的环境污染（负产出），更要从投入端考虑环境资源要素的消耗（环境要素投入）。现有研究成果主要还是关注环境污染本身对经济增长的影响，主要依赖环境库兹涅茨曲线假说①，强调人力资本、技术水平和居民收入水平，这与中国属于发展中国家而环境形势严峻的双重特征不符，也忽视了环境资源密集型产业结构（相对劳动密集型和资本密集型与技术密集型等产业结构）、环境规制对环境污染的影响。

鉴于此，本章拟从以下 3 个方面探究环境资源与经济增长的关系。

（1）在理论模型上，区别于以往研究，在最终产品部门纳入生产污染物排放量函数，并纳入清洁技术部门，直接推导出实证所需的模型。同时，考虑环境资源的生产投入、环境资源生产投入所产生的污染乘数效应、人工环境投资的环境生成效应和环境存量自身的自生和自净能力，并将环境资源存量引入效用函数，从而可以更加系统全面地反映环境与经济增长之间的关系。彭水军和包群（2006）直接把污染强度作为生产要素引入生产函数，构建带有环境污染约束的经济增长模型，考虑了环境的自净能力在环境质量中的作用，没考虑环境资源生产投入所产生的污染乘数效应、人工环境投资的环境生成效应和环境存量自身的自生和自净能力，忽略了人工的环境修复和净化能力将在绿色发展中扮演越来越重要的作用。黄茂兴和林寿富（2013）虽然考虑了环境资源生产投入所产生的污染乘数效应、人工环境投资的环境

---

① 环境库兹涅茨曲线假说是指环境质量与收入为倒"U"型关系。当一个国家经济发展水平较低的时候，环境污染的程度较轻，但是随着人均收入的增加，环境污染由低趋高，环境恶化程度随经济的增长而加剧。当经济发展达到一定水平后，也就是说，到达某个临界点或称拐点以后，随着人均收入的进一步增加，环境污染又由高趋低，其环境污染的程度逐渐减缓，环境质量逐渐得到改善，这种现象被称为环境库兹涅茨曲线。

生成效应和环境存量自身的自生和自净能力，但在最终产品部门没有纳入污染物排放量函数，没有考虑清洁技术部门对环境资源存量的影响。综上，本章借鉴童健等（2016）的动态一般均衡模型，在最终产品部门纳入污染物排放量函数，同时吸收黄茂兴和林寿富（2013）考虑环境资源生产投入所产生的污染乘数效应、人工环境投资的环境生成效应和环境存量自身的自生和自净能力，并新增清洁技术研发部门，最终形成包含最终产品部门、环境部门和清洁技术研发部门等七部门的内生经济增长模型。

（2）在实证模型上，把环境资源投入分解为经济总量效应和产业结构效应，以规避环境资源要素核算的难题。我国人均自然资源较为贫瘠，经历40多年的经济高速增长，生态环境的逐步恶化致使人们经历了从"盼温饱"到"盼环保"，从"求生存"到"求生态"的转变①。同时，环境库兹涅茨曲线假说并不一定适用于中国的实际情况，有不少学者进行相关探讨。王芳等（2020）分析了经典环境库兹涅茨曲线假说在我国的适用情况，研究表明，政府对环境问题的重视能够显著提高其环境保护意愿和行动进而对拐点产生影响。为此，不同于黄茂兴和林寿富（2013）直接基于环境库兹涅茨曲线假说构建我国城市面板的联立方程，本章依据污染产业的划分标准，以污染产业的比重衡量环境资源投入的产业结构效应，以地区生产总值衡量环境资源投入的经济总量效应，再以最终产品部门的物质生产函数和污染物排放量函数设立联立方程组，基于中国286个地级及以上城市的面板数据分析中国城市生产污染物排放量、环境规制与经济增长之间的相互作用，弥补了现有实证研究方面的不足。

（3）在实证方法上，采用三阶段最小二乘法（three stage least square，3SLS）对模型进行估计，以克服地区生产总值和环境污染综合指数同时进入联立方程模型并互为解释变量所带来的内生性和效率性问题。为了克服资本存量、工业污染产业占比的测度误差对回归结果稳健性的影响，分别以2003～

---

① 从"盼温饱"到"盼环保"从"求生存"到"求生态"［EB/OL］．（2017－10－18）．https：//news. gmw. cn/2017－10/18/content_26534933. htm.

2015 年的工业污染产业占比实际值和 2016～2019 年工业污染产业占比拟合值，以折旧率分别为 5%、9.6% 和 15% 的固定资本存量进行回归，以此结果为基准结果，并划分出东部、中部和西部城市进行检验，讨论环境污染对经济增长、环境规制对环境污染影响的区域异质性。同时，分别以中国工业企业 2004 年的排污费征收情况、2008 年环境保护部发布的《上市公司环保核查行业分类管理名录》所涉及的《国民经济行业分类》（GB/T 4754 - 2002）中的 16 个细分行业以及排污许可证申请与核发技术规范的行业作为新的污染行业的划分标准进行工业污染产业占比的测量误差检验。以 PM2.5、空气质量优良天数、集中饮用水源达标率、区域环境噪声值 4 个指标为基础，采用熵值法测度城市的环境质量综合指数作为城市环境规制强度的替换指标，进行测量误差检验。

3.2　考虑环境资源投入和清洁技术研发的七部门内生经济增长模型

将环境资源也看成是必要的生产要素之一，最终产品部门生产中需要消耗环境资源，即环境资源的消耗也与劳动力、物质资本等传统要素一样，属于生产要素投入。假设在生产中，一方面，消耗环境资源使得环境资源存量本身下降，同时排出污染物损害环境；另一方面，环境资源存量本身具有一定的自生能力和净化能力，加之政府、公众等生态保育①所产生的人工修复和净化能力，会对环境资源存量产生正效应。比如政府采取环境规制措施刺激生产者研发清洁技术以提高环境资源利用率，降低污染物排放量。这些共

---

　　①　生态保育有"保护"（即针对生物物种与栖地的监测维护）与"复育"（即针对濒危生物的育种繁殖与对受破坏生态系统的重建）这两个内涵。以生态学的原理，监测人与生态系统间的相互影响，包含对于生态的普查与监测、野生动植物的饲育、自然景观生态的维护工作等，并协调人与生物圈的相互关系；以达到保护地球上单一生物物种乃至不同生物群落所依存栖地的目的，并维系自然资源的可持续利用与永续维护。

同作用于环境资源存量，即环境资源投入对环境资源存量的损耗存在乘数效应。为了体现绿色发展的内涵，把环境资源存量作为家庭部门的消费品，环境资源存量的上升给居民带来了绿色效用。

3.2.1 模型设定

（1）最终生产部门。生产一方面需要投入劳动、资本和环境资源等生产要素，另一方面会排放污染物。环境资源包括矿产、化石、土地、水和空气等自然资源。最终产品部门的生产函数（黄茂兴和林寿富，2013）为：

$$Y = A^{\alpha + \beta} (H_Y)^{\alpha} L^{\beta} D^{\eta} \pi^{\gamma}, \alpha + \beta + \eta + \gamma = 1 \tag{3.1}$$

其中，Y 表示经济总产出，A 表示内生的一般性生产力技术水平参数，H_Y、L、D、π 分别表示城市 j 最终产品部门使用的人力资本量、劳动力人数、中间品和环境资源各种要素，α、β、η、γ 表示各生产要素的产出弹性，假设 L 不变，城市的污染物排放量函数（童健等，2016）为：

$$s = \psi(z, \pi) = \rho_1 \frac{\pi}{z} \tag{3.2}$$

其中，s 是污染物排放量，z 是清洁技术水平，ρ_1 是环境资源消耗的排放系数。假设一阶导数 $\psi'_z(z, \pi) < 0$，即同等环境资源条件下，清洁技术水平越高，污染物排放量越少；假设一阶导数 $\psi'_\pi(z, \pi) > 0$，同等清洁技术水平下，环境资源消耗越多，污染物排放量越多。

（2）中间产品部门。假设 1 单位任意中间产品 x(i) 的生产正好消耗 1 单位最终产品 Y（Romer，1990），则：

$$x(i) = Y(i) \tag{3.3}$$

由此得出，经济中的物质资本总量 K 为：

$$K = D = \int_0^N x(i) di \tag{3.4}$$

假设物质资本存量的净增加等于 Y 减去总消费 C，再减去生态保育方面的支出后的物质资本积累方程为：

$$\dot{K} = Y - C - m \tag{3.5}$$

其中，m 是生态保育支出，如城市草地、绿树、公园、湿地等生态保育产生的支出。

（3）生产技术研发部门。研发部门的生产函数形式设定（Jones and Charles，1995）为：

$$\dot{A} = \delta_R H_R A \tag{3.6}$$

其中，$\dot{A}$ 是技术知识的增量，δ_R 是研发效率（$\delta_R > 0$），H_R 是投入到研发部门的人力资本，A 是已有技术知识存量。

（4）人力资源部门。人力资本开发部门的生产函数形式（Lucas，1988）设定为：

$$\dot{H}_H = \delta_H \left(H_H \right)^{\varphi_H} \tag{3.7}$$

其中，$\dot{H}_H$ 是人力资本增量，δ_H 指的是人力资源部门的生产力参数大小，H_H 是指投入到人力资源部门的人力资本量，φ_H 是有效系数，那么 $\left(H_H \right)^{\varphi_H}$ 就表示投入到人力资源部门的有效人力资本量。

（5）环境部门。假设城市 j 在 t 时期拥有的环境存量为 E，假设初始状态的环境存量为 E_0，投入到最终产品生产部门的环境资源量 π，体现为对环境存量的一次损耗。同时，污染物排放量 s 以污染系数 δ_s 表现为对环境资源的再次损耗。例如，一片森林被砍伐，体现为对环境存量的消耗，森林砍伐之后被用于柴火燃烧排放的污染气体再一次毁坏了清洁的空气，体现为对环境存量的二次损耗。由此环境存量的方程（黄茂兴和林寿富，2013）表示为：

$$E = E_0 - \int_0^t \pi(i) \, di - \int_0^t \delta_s s(i) \, di \tag{3.8}$$

一般来说，环境是具有自生和净化能力的，而且环境存量越多，环境的自生和净化能力就越强，即环境自生和净化能力与环境存量正相关，因此可以把环境自生和净化能力函数形式设定为 $\dot{E} = \mu E$（μ 为环境自生和净化能力系数）。例如，森林被砍伐之后会自生出小树苗长大（自生能力），被砍伐用于燃烧的树木排放的二氧化碳被光合作用，生成供呼吸的氧气（净化能力）。森林被砍伐之后可以人工种植树苗，还可以人工水土保持净化水源、净化水质、调节气候、防风固沙等，体现为生态保育支出 m，在一定程度上减少环境存量下降带来的消耗和污染，因此，人工的生态保育支出 m 能使环境改善，以 δ_m 表示人工的生态保育支出 m 的环境管理效率，$\delta_m m$ 表示人工的修复和净化能力产生的环境资源。因此，环境存量的累积方程为：

$$\dot{E} = \mu E + \delta_m m - \pi - \delta_s s \qquad (3.9)$$

其中，E 表示环境存量，δ_m 表示人工的生态保育支出 m 的环境管理效率，$\delta_m m$ 表示人工的修复和净化能力产生的环境资源，π 表示投入生产中所消耗的环境资源，s 表示污染物排放量，δ_s 表示污染系数，$\delta_s s$ 表示污染物排放量对环境资源的再次损耗。

（6）清洁技术研发部门。为激发企业等相关部门对清洁技术的研发积极性，假定政府将征收来的环境税全部用于清洁技术研发投入，那么清洁技术生产函数形式设定为：

$$\dot{z} = \delta_z \left(\tau s \right)^{\Gamma_z} \qquad (3.10)$$

其中，δ_z 为清洁技术研发部门的生产力参数（$\delta_z > 0$），τs 为投入到清洁技术研发部门的物质资本（即环境税，其中，s 为污染物排放量，τ 为环境税率），Γ_z 为投入到清洁技术研发部门的物质资本有效系数，$(\tau s)^{\Gamma_z}$ 为投入到清洁技术研发部门的有效物质资本，z 为清洁技术知识存量，$\dot{z}$ 为清洁技术的知识增量。

（7）公众的消费选择行为。本章假定公众追求尽可能高的消费效用水平，而这里的消费效用不仅包括物质消费的需求，还包括好的环境、休闲等精神方面的需求。假定代表性消费者在无限时域上对消费 C 和环境资源存量 E 产生效用，设定效用 u 函数形式（刘锡良和文书洋，2019）为：

$$u(C,E) = \frac{C^{1-\sigma} - 1}{1 - \sigma} + \frac{E^{1-\omega} - 1}{1 - \omega} \tag{3.11}$$

其中，σ 为物质消费 C 的相对风险厌恶系数[①]，是跨期替代弹性的倒数，ω 为环境资源存量 E 的相对风险厌恶系数。

3.2.2 模型求解

假设经济系统中存在一个社会计划者，其目标是实现无限时域上消费者跨期效用的最大化，则动态最优化问题可表示为：

$$\max_{C,\pi,m,H_Y,H_R} \int_0^\infty \left(\frac{C^{1-\sigma} - 1}{1 - \sigma} + \frac{E^{1-\omega} - 1}{1 - \omega} \right) e^{-\rho t} dt \tag{3.12}$$

$$\text{s.t.} \quad Y = A^{\alpha+\beta}(H_Y)^{\alpha} L^{\beta} K^{\eta} \pi^{\gamma}$$

$$s = \psi(z,\pi) = \rho_1 \frac{\pi}{z}$$

$$\dot{K} = Y - C - m$$

$$\dot{A} = \delta_R H_R A$$

$$\dot{H}_H = \delta_H (H_H)^{\varphi_H}$$

$$\dot{E} = \mu E + \delta_m m - \pi - \delta_s s$$

$$\dot{z} = \delta_z (\tau s)^{\Gamma_z}$$

$$H_H = H - H_Y - H_R$$

$$\alpha + \beta + \eta + \gamma = 1$$

---

① 相对风险厌恶系数，请参见蒋殿春《高级微观经济学》，计算公式为 $R(C) = -u''(C)C/u'(C)$。

其中，ρ 为消费者时间贴现率[①]，表示对当前消费的偏好程度。

为求解效用最大化，定义汉密尔顿函数为：

$$J = \frac{C_{jit}^{1-\sigma} - 1}{1-\sigma} + \frac{E_{jit}^{1-\omega} - 1}{1-\omega} + \lambda_1 \left[A_{jt}^{\alpha+\beta} (H_Y)_{jt}^a L_{jt}^\beta K_{jt}^\eta \pi_{jt}^\gamma - C - m \right] + \lambda_2 (\delta_R H_R A)$$

$$+ \lambda_3 \left[\delta_H (H_H)^{\varphi_H} \right] + \lambda_4 \left[\mu E + \delta_m m - \pi_{jt} - \delta_s \rho_1 \frac{\pi_{jt}}{z_{jt}} \right] + \lambda_5 \left[\delta_z \left(\tau_{jt} \rho_1 \frac{\pi_{jt}}{z_{jt}} \right)^{\Gamma_z} \right]$$

$$(3.13)$$

这里，控制变量为 C、π、m、H_Y 和 H_R，状态变量为 K、A、H_H、E 和 z，λ 为 Hamilton 乘子。对控制变量分别求导，最大化 J 的一阶条件为：

$$\frac{\partial J}{\partial C} = C_{jit}^{-\sigma} - \lambda_1 = 0 \qquad (3.14)$$

$$\frac{\partial J}{\partial \pi} = \gamma \lambda_1 Y_{jt} \pi_{jt}^{-1} - \lambda_4 - \lambda_4 \delta_s \frac{\rho_1}{z_{jt}} + \lambda_5 \delta_z \Gamma_z \tau_{jt}^{\Gamma_z} \rho_1^{\Gamma_z} \pi_{jt}^{\Gamma_z - 1} (z_{jt})^{-\Gamma_z} = 0 \qquad (3.15)$$

$$\frac{\partial J}{\partial m} = -\lambda_1 + \lambda_4 \delta_m = 0 \qquad (3.16)$$

$$\frac{\partial J}{\partial H_Y} = a \lambda_1 Y_{jt} (H_Y)^{-1} - \lambda_3 \delta_H \varphi_H (H_H)^{\varphi_H - 1} = 0 \qquad (3.17)$$

$$\frac{\partial J}{\partial H_R} = \lambda_2 \delta_R A - \lambda_3 \delta_H \varphi_H (H_H)^{\varphi_H - 1} = 0 \qquad (3.18)$$

欧拉方程可以表示为：

$$\dot{\lambda}_1 = \rho \lambda_1 - \frac{\partial J}{\partial K} = \rho \lambda_1 - \lambda_1 \eta Y K^{-1} \qquad (3.19)$$

$$\dot{\lambda}_2 = \rho \lambda_2 - \frac{\partial J}{\partial A} = \rho \lambda_2 - \lambda_1 (\alpha + \beta) Y A^{-1} - \lambda_2 \delta_R H_R \qquad (3.20)$$

$$\dot{\lambda}_3 = \rho \lambda_3 - \frac{\partial J}{\partial H_H} = \rho \lambda_3 - \lambda_3 \varphi_H \delta_H (H_H)^{\varphi_H - 1} \qquad (3.21)$$

$$\dot{\lambda}_4 = \rho \lambda_4 - \frac{\partial J}{\partial E} = \rho \lambda_4 - E^{-\omega} - \lambda_4 \mu \qquad (3.22)$$

---

① 时间贴现率，是指消费者现在消费与将来消费的边际替代率。

$$\dot{\lambda}_5 = \rho\lambda_5 - \frac{\partial J}{\partial z} = \rho\lambda_5 - \lambda_4\delta_s\rho_1\pi_{jt}z_{jt}^{-2} + \lambda_5(\Gamma_z)\delta_z\tau_{jt}^{\Gamma_z}\rho_1^{\Gamma_z}\pi_{jt}^{\Gamma_z}(z_{jt})^{-\Gamma_z-1}$$

$$(3.23)$$

横截性条件表示为：

$$\lim_{t\to\infty}\lambda_1 Ke^{-\rho t}=0 ; \lim_{t\to\infty}\lambda_2 Ae^{-\rho t}=0 ; \lim_{t\to\infty}\lambda_3 H_He^{-\rho t}=0 ; \lim_{t\to\infty}\lambda_4 Ke^{-\rho t}=0 ; \lim_{t\to\infty}\lambda_5 ze^{-\rho t}=0$$

$$(3.24)$$

上述一阶条件、欧拉方程和横截性条件描述了城市经济系统的动态过程。

为方便求出均衡解和运算，令 g 为各个变量的增长率，则：

$$g_K = \frac{\dot{K}}{K} , g_A = \frac{\dot{A}}{A} , g_H = \frac{\dot{H}_H}{H_H} , g_E = \frac{\dot{E}}{E} , g_z = \frac{\dot{z}}{z} , g_{\lambda_i} = \frac{\dot{\lambda}_i}{\lambda_i} \qquad (3.25)$$

动态最优化理论下经济增长在最优路径上达到均衡，即各经济要素的增长率趋于稳态。根据汉密尔顿函数的求导方程组，对一阶条件中的各式两边分别取对数，且对时间求导，并联立欧拉方程，可得到在最优增长路径上各经济变量的稳态增长率[①]为：

$$g_Y = g_k = g_C = g_m = g_\pi = g_s = g_E = \Gamma_z^{-1}g_z = \frac{\alpha\delta_H + (\alpha+\beta)\delta_R H_R - \alpha\rho}{\alpha\sigma + \beta}$$

$$(3.26)$$

当式（3.26）中的分子大于 0 时有：

$$\frac{\alpha\delta_H + (\alpha+\beta)\delta_R H_R}{\alpha} > \rho \qquad (3.27)$$

式（3.26）和式（3.27）表明当人力资源部门的生产效率和生产技术研发部门的生产效率大于消费者的时间偏好率 ρ 时，模型存在均衡解，城市经济在长期内趋于稳定增长，并且研发部门的人力资本投入 H_R 越大、研发

---

① 具体计算过程在此不详细列出，有需要可向笔者索要。

部门和人力资源部门的生产效率 δ_R、δ_H 越高、消费者的时间贴现率和风险偏好 ρ 越低，城市的经济增长率越高。

假设环境部门和清洁技术部门不进行环境管理和清洁技术研发，那么意味着不存在人工的生态保育支出 m 带来的环境资源 $\delta_m m$ 和基于污染物排放量的环境规制型技术进步 z，则环境存量 E 的上升，仅能依赖环境自身具有的自生能力和净化能力 μ，而经济要想实现绿色发展则经济增长率 g_Y 和消费增长率 g_C 必须小于或等于 μ，即绿色发展的均衡解为：

$$g_Y = g_C = \frac{\alpha\delta_H + (\alpha + \beta)\delta_R H_R - \alpha\rho}{\alpha\sigma + \beta} \leqslant \mu \qquad (3.28)$$

要实现人与自然和谐共生的绿色发展，在动态一般均衡上环境资源存量的增长率应至少不低于经济的增长率和消费的增长率，否则环境资源消耗增加、污染物排放量增大，环境存量将快速恶化，这反过来进一步降低了环境存量的自生能力和净化能力，形成恶性循环，最终导致环境资源耗竭，环境系统崩溃，整个经济系统也随之崩溃。习近平总书记多次明确表示绿色发展的目的就是要实现人与自然和谐共生，要实现人与自然和谐共生，就必须摒弃"大量生产、大量消耗、大量排放"的生产消费模式①。由此可见，人与自然和谐共生的绿色发展是"低投入、低消耗、低污染、高效益"的经济增长方式，在生产—生态—生活系统上体现为自然资源资产的增长率至少不低于经济的增长率和消费的增长率。伴随着经济增长和经济总量的上升，环境规制型清洁技术进步 z 和人工生态保育 m 带来的环境资源的生长和净化能力，变得越来越重要。

3.3 实证分析

基于以上理论模型分析可得，只有保证长期内环境资源存量的增长率大

---

① 中共中央党校（国家行政学院）. 习近平新时代中国特色社会主义思想基本问题 ［M］. 北京：人民出版社，中共中央党校出版社，2020：16-28.

于等于经济增长率，才能实现绿色发展，那么中国城市当前环境资源与经济增长的关系处于何种现状呢？接下来，本章以最终产品部门的物质生产函数和污染物排放量函数为基础，建立经济增长方程和污染物排放量方程，并采用 2003～2019 年中国 286 个地级及以上城市的面板数据，分析中国城市当前环境资源与经济增长的关系及环境规制对环境污染的减污效应，定量揭示环境污染对经济增长的抑制效应，说明中国城市环境质量存在的问题亟须解决，进一步论证中国城市绿色发展的必要性和紧迫性。

3.3.1　联立方程组

首先，将污染物排放量函数式（3.2）代入生产函数式（3.1），可得：

$$Y = A^{\alpha + \beta}(H_Y)^{\alpha}L^{\beta}K^{\eta}(zs\rho_1^{-1})^{\gamma} \tag{3.29}$$

其次，根据式（3.29）建立经济增长方程为：

$$\ln Y = c + \alpha \ln H_Y + \beta \ln L + \eta \ln K + \gamma \ln s \tag{3.30}$$

最后，根据式（3.2）的污染物排放量函数建立生产污染物排放量方程为：

$$\ln s = c + \psi_1 \ln \pi - \psi_2 \ln z \tag{3.31}$$

这里从总量效应和结构效应两个维度体现环境资源投入 π。环境资源投入 π 的总量效应体现为生产总值 Y，环境资源投入 π 的结构效应 p 体现为农业产业产值占总产值的比重（以下简称为农业污染产业占比）和工业污染密集型产业产值占城市工业总产值的比重（以下简称工业污染产业占比）。依据式（3.10），清洁技术水平 $\ln z$ 体现为环境规制的强度 ER。

综上，在生产过程中，依据物质生产函数和污染物排放量函数建立如下联立方程组：

$$\begin{cases} \ln Y_{jt} = c_j + \alpha \ln(H_Y)_{jt} + \beta \ln L_{jt} + \eta \ln K_{jt} + \gamma \ln s_{jt} & (3.32) \\ \ln s_{jt} = \theta_j + \psi \ln Y_{jt} + \xi \ln p_{jt} + v \ln ER_{jt} & (3.33) \end{cases}$$

式（3.32）和式（3.33）分别为城市经济增长方程和城市生产污染物排放量方程，其中，Y_{jt} 表示城市 j 在 t 时期的经济总量，用 GDP 度量；$(H_Y)_{jt}$、L_{jt}、K_{jt} 分别表示城市 j 在 t 时期的人力资本存量、劳动力投入量、物质资本存量；s_{jt}、p_{jt}、ER_{jt} 分别表示城市 j 在 t 时期的生产污染物排放量、农业污染产业占比和工业污染产业占比、环境规制强度，c_j、θ_j 表示特定截面效应。

3.3.2 数据来源与说明

以 2003～2019 年 286 个地级及以上城市为研究对象，宏观和微观数据主要来自《中国城市统计年鉴》、EPS 数据库和中国工业企业数据库，用线性插值法补充个别缺失数据。考虑数据完整和可得，实证选取的 286 个城市（不包括中国港澳台地区）和缺失数据较严重的毕节市、巢湖市、海东市、三沙市、铜仁市、儋州市和自治州、盟等地区。联立方程组的变量数据说明如下。

（1）经济增长指标 Y_{jt}：采用各个城市全市的地区生产总值，用分地区工业生产者出厂价格指数将其折算成以 2003 年为基期的不变价格表示的实际值，单位为万元。

（2）固定资本存量 K_{jt}：首先，采用分地区固定资产投资价格指数将城市固定资产投资额折算成以 2003 年为基期的不变价格的实际值；其次，采用哈尔和琼斯（Hall and Jones，1999）的方法估算基年 2003 年初的固定资本存量；最后，借鉴张军等（2004）以及柯善咨和向娟（2012）的永续盘存法，设定折旧率分别为 9.6%（基准折旧率）、5% 和 15% 进行城市固定资本存量的估算。

（3）人力资本存量 H_Y 和劳动投入量 L_{jt}：人力资本存量采用城市每万劳动力拥有的普通高校在校生表示（梁婧等，2015；邓慧慧等，2020），劳动投入量采用 3 次产业从业人数的加总。

（4）生产污染物排放量 s_{jt}：由于生产污染物排放主要来自农业生产和工

业生产两方面，因此这里只考虑农业生产污染和工业生产污染。农业生产中大量使用的化肥、畜禽粪便等产生的氮素和磷素等物质是主要的农业生产污染物来源，因此，农业生产带来的污染物主要包括总氮（TN）、总磷（TP）、化学需氧量（COD）。其表达式具体如式（3.34）所示，表达式中的具体符号代表的指标及含义见表 3.1。

表 3.1　　　　　　　　　　　相应符号代表的指标及含义

符号	指标及含义
EU_i	单元 i 指标统计数
E	农业生产的污染物排放量，因为涉及到的是生产污染物排放量函数，故不包括农村生活污染
η_i	相关资源利用效率系数
ρ_{ij}	单元 i 污染物 j 的产污强度系数
PE_{ij}	单元 i 污染物 j 的产生量，即不考虑资源综合利用和管理因素时农业生产造成的最大潜在污染量
S	单元和空间特征
c_{ij}	单元 i 污染物 j 的排放系数，它由单元和空间特征决定，表征区域环境、降雨、水文和各种管理措施对农业污染的综合影响

借鉴赖斯芸等（2004）的研究经验，采用清单分析方法对中国 286 个地级市的农业生产引起的污染物排放量进行核算。工业生产污染物主要包括工业废水、工业 SO_2 和工业烟尘等。因此，这里的生产污染物排放量是基于农业生产总氮、农业生产总磷、农业生产化学需氧量、工业废水排放量、工业 SO_2 排放量、工业烟尘排放量 6 个指标用熵权法测度城市生产的环境污染综合指数来表示（沈坤荣等，2017），即：

$$E = \sum_i EU_i \rho_{ij}(1 - \eta_i)c_{ij}(EU_{ij}, S) = \sum_i PU_{ij}(1 - \eta_i)c_{ij}(EU_{ij}, S)$$

$$(3.34)$$

（5）污染产业占比 p_{jt}：污染产业，包括农业生产污染和工业生产污染。鉴于农业的产出依赖于土地资源禀赋、化肥使用量和劳作时间付出，以第一产业增加值占城市生产总值的比重衡量农业污染产业占比（nybz），以工业污染产业产值占工业总产值的比重表示工业污染产业占比（gywrbz）。基于1998～2011年中国工业行业的废水排放总量、二氧化硫排放量、烟尘排放量、粉尘排放量和固体废弃物排放量，采用对各类污染物排放量数据先进行线性标准化再进行等权加和平均的方法计算各个行业的污染物排放强度（傅京燕和李丽莎，2010；李玲和陶峰，2012；王杰和刘斌，2014），具体方法如下。

①计算各个行业的各种污染物单位产值的排放值。

$$UE_{ij} = E_{ij}/O_i \qquad (3.35)$$

其中，E_{ij}为行业 i（i = 1，2，…，m）主要污染 j（j = 1，2，…，n）的排放，O_i为各个行业的工业总产值。

②按0～1的取值范围对各个行业污染物单位产值的污染物排放值进行线性标准化，即：

$$UE_{ij}^s = [UE_{ij} - min(UE_j)]/[max(UE_j) - min(UE_j)] \qquad (3.36)$$

其中，UE_{ij}为指标的原始值，$max(UE_j)$和$min(UE_j)$分别为主要污染物 j 在所有行业中的最大值和最小值，UE_{ij}^s为标准化值。

③将上述各种污染物排放得分等权加和平均，计算出行业 i 的废水排放总量、二氧化硫排放量、烟尘排放量、粉尘排放量和固体废弃物排放量的平均得分，即为行业 i 的污染物排放强度，则：

$$NUE_{ij} = \sum_{j=1}^{n} UE_{ij}^s/n \qquad (3.37)$$

将各污染物的单位产值排放得分汇总，得出行业总的污染物排放强度，总的污染物排放强度大于等于0.4079的行业认定为重污染产业[1]。

---

[1] 重污染产业包括煤炭采选（06）、黑金矿采（08）、有金矿采（09）、纺织业（17）、造纸业（22）、石油加工（25）、化学纤维（26）、化纤制造（28）、非金制造（31）、黑金加工（32）、有金加工（33）、电力生产（44）。

（6）环境规制强度 ER_{it}：在地级市层面，环境规制强度的衡量方法主要有 3 种。第一种用一般工业固体废弃物综合利用率近似表示（陈明华等，2020）。第二种采用工业"三废"（废水、废气、烟尘等）的去除率来测度综合指标，但工业废水排放达标率的数据在 2010 年之后没有公布。"三废"综合利用产品产值、工业废水排放达标量等数据在 2012 年之后没有公布。第三种以环境治理投资来表示，但污染源治理本年投资总额和环境设施投资额的数据在 2008 年之后没有公布。为此，基于生活污水处理率、生活垃圾无害化处理率、一般工业固体废弃物综合利用率 3 个指标，以熵值法测度城市生产和生活的综合环境规制强度。

3.3.3　联立方程估计与分析

在进行城市面板数据的联立方程模型估计时，由于地区生产总值和环境污染综合指数同时进入联立方程模型，并互为解释变量，为克服内生性和效率性①，因此采用三阶段最小二乘法对模型进行估计。为了克服资本存量和工业污染产业占比的测度误差对回归结果稳健性的影响，分别以 2003 ~ 2015 年的工业污染产业占比实际值和 2016 ~ 2019 年工业污染产业占比拟合值，以折旧率为 9.6%、5% 和 15% 的固定资本存量进行回归。

（1）全国城市。全国城市的联立方程估计结果如表 3.2 和表 3.3 所示。对全国城市来说，城市经济增长方程中的人力资本、劳动力、物质资本、污染排放的回归系数和城市生产污染物排放量方程中的地区生产总值、农业污染产业占比、工业污染产业占比、环境规制强度的回归系数在不同年限（2003 ~ 2019 年和 2003 ~ 2015 年）中的显著性未发生任何变化，皆在 1% 的显著性水平下显著，同时，回归系数的取值变化也较小，说明折旧率和工业污染产业占比拟合值对变量系数的回归结果无影响。

---

① 效率性是指在使用单一方程估计法时由于忽略了各方程之间的联系（包括各方程扰动项之间的联系），将所有方程作为一个整体进行估计（即系统估计法），比单一方程逐个估计更有效率。

表 3.2 全国城市经济增长方程估计结果

折旧率	(1) 9.6%		(2) 5%		(3) 15%	
year	2003~2019 年	2003~2015 年	2003~2019 年	2003~2015 年	2003~2019 年	2003~2015 年
$\ln H_Y$	0.039 ***	0.023 ***	0.040 ***	0.024 ***	0.042 ***	0.024 ***
$\ln L$	0.550 ***	0.471 ***	0.567 ***	0.493 ***	0.551 ***	0.471 ***
$\ln K$	0.692 ***	0.727 ***	0.668 ***	0.699 ***	0.696 ***	0.733 ***
$\ln s$	− 0.420 ***	− 0.362 ***	− 0.425 ***	− 0.373 ***	− 0.422 ***	− 0.362 ***
N	4 712	3 583	4 712	3 583	4 712	3 583

注：结果保留 3 位小数，*** 表示在 1% 的显著性水平上显著。

表 3.3 全国城市生产污染物排放量方程估计结果

折旧率	(1) 9.6%		(2) 5%		(3) 15%	
year	2003~2019 年	2003~2015 年	2003~2019 年	2003~2015 年	2003~2019 年	2003~2015 年
$\ln Y$	0.755 ***	0.744 ***	0.754 ***	0.743 ***	0.755 ***	0.746 ***
$\ln nybz$	0.350 ***	0.290 ***	0.350 ***	0.290 ***	0.351 ***	0.292 ***
$\ln gywrbz$	0.252 ***	0.256 ***	0.251 ***	0.255 ***	0.252 ***	0.256 ***
$\ln ER$	− 0.065 ***	− 0.085 ***	− 0.070 ***	− 0.091 ***	− 0.063 ***	− 0.080 ***
N	4 712	3 583	4 712	3 583	4 712	3 583

注：结果保留 3 位小数，*** 表示在 1% 的显著性水平上显著。

对于城市经济增长方程，重点考察生产要素及环境污染对经济增长的影响。从回归结果（见表 3.2）可以看出：比较各生产要素对经济增长的弹性系数大小，其中，劳动力和物质资本对中国城市经济增长的弹性系数值在 0.471~0.733，在 1% 水平上显著。而人力资本的弹性系数值小于 0.05，在 1% 水平上显著，足以看出中国城市仍然是依靠劳动力和物质资本传统要素拉动经济增长的发展模式。环境污染对中国城市经济增长的弹性系数维持在 [−0.425，−0.362]，在 1% 的水平上显著为负，表明环境污染物排放增加，中国城市地区生产总值不增反降。环境污染物排放每增加 1 个百分点，地区生产总值降低 0.362 个以上百分点，即以牺牲环境为代价，不仅没有换来地区生产总值增加，反而使中国城市经济下降。

对于城市生产污染物排放量方程，除了考察经济增长与环境污染的关系，更重要的是考虑污染产业占比与环境规制强度对环境污染的影响作用。

从回归结果（见表 3.3）可以看出：经济增长对生产污染的弹性系数取值区间稳定在 0.743～0.755，皆在 1% 的水平下显著，表明城市的经济增长不可避免地会带来生产污染的增加。经济每增长 1 个百分点，就会带来 0.743个以上百分点的生产污染。农业污染产业占比对生产污染的弹性系数在0.290～0.351，皆在 1% 的水平下显著为正，表明农业生产给中国城市带来了环境污染。农业污染产业占比每提高 1 个百分点，给城市带来 0.290 个以上百分点的环境污染量的增加。工业污染产业占比对生产污染的弹性系数在0.251～0.256，皆在 1% 的水平下显著为正，表明工业污染产业给中国城市带来了环境污染。工业污染产业占比每提高 1 个百分点，给城市带来 0.251个以上百分点的环境污染量的增加。环境规制对生产污染的弹性系数在 1%的显著水平下显著为负，取值在 [-0.091，-0.063]，即城市环境规制具有微弱的减污效应，但相比经济增长和经济结构的污染效应，减污效应还有很大的提升空间。

综上，中国城市仍然是依靠劳动力和物质资本传统要素拉动经济增长的发展模式，这种模式的经济增长带来了生产污染的增加，经济每增长 1 个百分点，就会带来 0.743 个以上百分点的生产污染。农业和工业污染产业加速了城市的环境污染，农业污染生产占比每提高 1 个百分点，给城市带来0.290 个以上百分点的环境污染量的增加。工业污染产业占比每提高 1 个百分点，给城市带来 0.251 个以上百分点的环境污染量的增加。农业生产的污染弹性远远大于工业污染产业的污染弹性。环境污染的增加又抑制了中国城市的经济增长，环境污染每增加 1 个百分点，地区生产总值降低 0.362 个以上百分点。可见，中国城市绿色发展势在必行。

（2）分区域城市。一方面，国家节能减排约束性目标分配方面体现出区域差异性，减排目标在东部、中部和西部分配不一致（乔晓楠和段小刚，2012），导致各区域的环境规制强度不一致，进而会导致污染企业进行跨区域迁移（沈坤荣等，2017；金晓雨，2018）；另一方面，中国东部、中部和西部经济发展水平、资源环境存量等存在差异，即中国城市绿色发展水平所处的阶段是不同的，经济增长与环境之间的关系状况也有可能存在差异，为此，检验中国城市经济增长与环境之间关系是否存在区域异质性就显得很有必要。为检验中国城市经济增长与环境之间关系是否存在区域异质性，本章按照桂琦寒等（2006）方法划分东部、中部、西部三大区域分别进行回归①，结果如表3.4和表3.5所示。

表3.4　　　　　　　　分区域城市经济增长方程回归结果

区域	（1）东部			（2）中部			（3）西部		
折旧率	9.6%	5%	15%	9.6%	5%	15%	9.6%	5%	15%
lnH_Y	0.051***	0.052***	0.054***	0.050***	0.056***	0.049***	0.007	0.0002	0.013
lnL	0.501***	0.515***	0.505***	0.451***	0.492***	0.438***	0.519***	0.526***	0.523***
lnK	0.665***	0.638***	0.669***	0.693***	0.661***	0.703***	0.668***	0.658***	0.664***
lns	−0.176***	−0.172***	−0.182***	−0.247**	−0.274***	−0.238***	−0.414***	−0.416***	−0.412***
N	1 681	1 681	1 681	1 673	1 673	1 673	1 358	1 358	1 358

注：结果保留3位小数，***表示在1%的显著性水平上显著，**表示在5%的显著性水平上显著。

表3.5　　　　　　　　分区域城市生产污染物排放量方程回归结果

区域	（1）东部			（2）中部			（3）西部		
折旧率	9.6%	5%	15%	9.6%	5%	15%	9.6%	5%	15%
lnY	0.812***	0.810***	0.812***	0.787***	0.783***	0.790***	0.680***	0.683***	0.678***
lnnybz	0.355***	0.353***	0.358***	0.422***	0.419***	0.424***	0.275***	0.285***	0.275***
lngywrbz	0.404***	0.405***	0.400***	0.165***	0.165***	0.165***	0.339***	0.342***	0.338***
lnER	0.079	0.077	0.081	−0.119***	−0.121***	−0.119***	−0.060*	−0.061***	−0.059*

注：结果保留3位小数，***表示在1%的显著性水平上显著，*表示在10%的显著性水平上显著。

　　从分区域城市经济增长方程的回归结果（见表3.4）可以得出如下结论。

　　（1）东部城市：劳动力及物质资本对经济增长弹性系数为正，范围在0.501~0.669，但人力资本对经济增长的弹性系数在0.051~0.054，皆在1%水平上显著，这表明东部城市经济增长主要还是停留在依靠劳动力和物质资本传统要素拉动，而人力资本要素的优势作用还未充分发挥。环境污染

---

　　①　本书分别以拟合的城市污染产业占比（2003~2019年）、以实际的城市污染产业占比（2003~2015年）进行回归，结果相似，因此，这里只列示以拟合的城市污染产业占比（2003~2019年）回归的结果。

对东部城市经济增长的弹性系数维持在 [-0.182，-0.172]，在 1% 的水平上显著为负，表明环境污染增加，东部城市地区生产总值不增反降。环境污染每增加 1 个百分点，地区生产总值降低 0.172 个以上百分点，远低于全国城市的弹性系数，表明东部城市的环境污染相比全国来说轻度地抑制了东部城市经济增长。

（2）中部城市：劳动力及物质资本对经济增长的弹性系数为正，范围在 0.438～0.703，人力资本对经济增长的弹性系数值为 0.05 左右，皆在 1% 水平上显著，可见中部城市主要是依靠劳动力和物质资本传统要素拉动经济增长的发展模式。环境污染对中部城市经济增长的弹性系数维持在 [-0.274，-0.238]，皆在 1% 水平上显著，表明环境污染增加，中部城市地区生产总值不增反降。环境污染每增加 1 个百分点，地区生产总值降低 0.238 个以上百分点，比全国城市稍低。但比东部城市稍高，表明中部城市的环境污染相比东部城市更加强烈地抑制了中部城市经济增长。

（3）西部城市：劳动力及物质资本对经济增长的弹性系数显著为正，在 1% 的水平上显著，范围在 0.519～0.668，而人力资本对经济增长的弹性系数不显著，可见西部城市是仅依靠劳动力和物质资本传统要素拉动经济增长的发展模式。而环境污染对西部城市经济增长的弹性系数在 1% 的水平上显著为负，取值区间 [-0.416，-0.412]，表明环境污染增加，西部城市地区生产总值不增反降。环境污染每增加 1 个百分点，地区生产总值降低近 0.412 个以上百分点，远高于东部城市、中部城市和全国城市，表明西部城市的环境污染，更加严重地抑制了西部城市的经济增长。

从分区域城市生产污染物排放量方程的回归结果（见表 3.5）可以看出：无论是东部城市、中部城市还是西部城市，经济增长、农业污染产业占比和工业污染产业占比对环境污染的弹性系数均在 1% 水平上显著为正，这表明经济增长及发展农业和工业污染产业均带来了一定程度的环境污染，这与全国城市的回归结果分析一致。其中，经济增长对环境污染的弹性系数值是东部最大（0.810～0.812），中部次之（0.783～0.790），西部最小（0.678～0.683），这说明东部城市的经济增长带来更大程度的生产污染增加。农业污染产业占比对环境污染的弹性系数是中部城市最大（0.419 ~ 0.424），东部城市次之（0.353 ~ 0.358），西部城市最低（0.275 ~ 0.285），这说明中部城市农业带来的污染较严重。工业污染产业占比对环境污染的弹性系数是东部最大（0.400 ~ 0.405），西部城市次之（0.338 ~ 0.342），中部城市最低（0.165），这说明东部城市工业污染密集型产业带来的污染较严重。再看环境规制对环境污染的弹性系数，中部城市显著为负，西部城市也显著为负，而东部城市环境规制对环境污染的弹性系数皆为正，但是不显著，这说明中部城市和西部城市的生产与生活的环境治理降低了污染物排放量。而东部城市的环境规制拓展了污染物排放的空间，环境污染治理增加了污染物排放总量，原因在于城镇化虽然可通过集聚效应、城市蔓延、人力资本积累和清洁生产等机制减少全市的人均污染物排放量，但也导致东部城市的人口在2003 ~ 2019年大幅增加，以致东部城市环境治理水平上升，人均污染物排放量下降，而污染物排放总量上升。因此，东部城市应继续提升环境治理水平，同时适当控制人口规模。中部城市和西部城市应继续加大环境规制力度，倒逼污染密集型产业技术升级、减少污染物排放量，助推经济高质量发展。

综上，分区域城市而言，东部城市、中部城市、西部城市的经济增长与环境污染的关系及环境规制对环境污染的影响呈现区域差异性：①经济增长方程方面，东部城市和中部城市的人力资本促进了经济增长，而西部城市的人力资本对经济增长无影响。东部城市、中部城市和西部城市皆因污染物排放而抑制了城市经济增长，但是抑制效应方面，西部城市最大，高于全国平均水平和中部城市，东部城市抑制效应最低。②生产污染物排放量方程方面，东部城市的经济增长带来的污染弹性系数高于全国平均水平，中部城市的经济增长带来的污染弹性系数与全国平均水平相当，西部城市的经济增长带来的污染弹性系数低于全国平均水平。东部和中部城市的农业污染产业占比带来的污染弹性系数皆高于0.35，而西部城市的农业污染产业占比带来的污染弹性系数为0.28左右。中部城市和西部城市的环境规制强度则抑制了污染物排放量，东部城市的环境规制强度与污染物排放量的关系为正且不显著，这说明东部城市的环境治理拓展了污染物排放量的空间。因此东部城市应继续提升环境治理水平，同时适当控制人口规模。中部城市及西部城市加强环境规制强度减少了污染物排放量。

3.4　稳健性讨论

以上的实证分析，依然存在因工业污染产业占比和环境规制强度的测度方法不同而导致的测量误差问题。为此，考虑现有文献关于工业污染产业占比和环境规制强度的测度的其他方法，以规避测量误差导致的回归系数稳健性问题。

（1）工业污染产业占比的指标选取的测量误差问题。依据现有文献，关于工业污染产业的界定，除了采用对各类污染物排放量数据进行线性标准化与等权加和平均的方法计算各个行业的污染物排放强度之外，还有张艳磊等（2015）基于 2004 年微观工业企业被征收排污费的情况来测度其行业排污费征收强度进而确定工业行业的重污染行业①，2008 年环境保护部发布的《上市公司环保核查行业分类管理名录》所涉及的《国民经济行业分类》（GB/T 4754 - 2002）中的 16 个细分行业作为污染行业②（罗党论和赖再洪，2016；韩超等，2017；吴超等，2018；蔡海静等，2019）。2017 ~ 2020 年，生态环境部对于排污许可证的核发规定了不同行业的情况，本章把发布了排污许可证申请与核发技术规范的行业界定为污染行业③，对以上行业进行分别汇总，得出工业污染产业占比。本章分别基于张艳磊等（2015）、原环境保护部发布的环保核查涉及行业与生态环境部发布了排污许可证核发的行业，基于

---

① 基于排污费征收强度划分的重污染行业包括煤炭采选（06）、黑金矿采（08）、有金矿采（09）、非金矿采（10）、饮料制造（15）、烟草制造（16）、造纸业（22）、石油加工（25）、化工制造（26）、医药制造（27）、非金制造（31）、黑金加工（32）。

② 原环境保护部分别于 2008 年 7 月 7 日和 2010 年 9 月 14 日印发的《上市公司环保核查行业分类管理名录》和《上市公司环境信息披露指南》，皆把火电、钢铁、水泥、电解铝、煤炭、冶金、化工、石化、建材、造纸、酿造、制药、发酵、纺织、制革和采矿业等 16 类行业为重污染行业。

③ 具体行业见附表 2。

《中国工业企业数据库》（2003～2015 年）汇总出各个城市 2003～2015 年的
工业污染产业产值和工业总产值，得出各个城市 2003～2015 年的工业污染
产业占工业总产值的比重。然后，把工业污染产业占比 p_{jt} 与 2003～2019 年的
城市面板进行匹配，以工业污染产业占比 p_{jt} 为因变量，以城市实际 GDP 的
对数、城市实际人均 GDP、第二产业从业人员比例、第三产业从业人员比例
及年份效应、城市效应为自变量，进行回归拟合出 2016～2019 年工业污染
产业占比 p_{jt} 的估计值。最后，以工业污染产业占比结果为污染物排放量方程
的自变量，用三阶段最小二乘法对模型进行估计，结果如表 3.6 和表 3.7 所
示。表 3.6 和表 3.7 中张艳磊、环保核查和排污许可分别代表基于张艳磊等
（2015）、2018 年环境保护部发布的《上市公司环保核查行业分类管理名录》
和发布了排污许可证行业测度的工业污染产业占比指标。

表 3.6　　　　　　基于不同工业污染产业占比测量方法的城市经济

增长方程回归比较

折旧率	（1）9.6%			（2）5%			（3）15%		
标准	张艳磊	环保核查	排污许可	张艳磊	环保核查	排污许可	张艳磊	环保核查	排污许可
lnH_Y	0.040 ***	0.038 ***	0.046 ***	0.040 ***	0.038 ***	0.047 ***	0.042 ***	0.040 ***	0.049 ***
lnL	0.555 ***	0.544 ***	0.569 ***	0.572 ***	0.562 ***	0.588 ***	0.556 ***	0.545 ***	0.570 ***
lnK	0.691 ***	0.683 ***	0.684 ***	0.667 ***	0.661 ***	0.661 ***	0.695 ***	0.686 ***	0.688 ***
lns	−0.427 ***	−0.390 ***	−0.444 ***	−0.432 ***	−0.398 ***	−0.454 ***	−0.429 ***	−0.391 ***	−0.446 ***
N	4 696	4 717	4 690	4 696	4 717	4 690	4 696	4 717	4 690

注：结果保留 3 位小数，*** 表示在 1% 的显著性水平上显著。

表 3.7　　　　　　基于不同工业污染产业占比测量方法的城市

生产污染物排放量方程回归比较

折旧率	（1）9.6%			（2）5%			（3）15%		
参考标准	张艳磊	环保核查	排污许可	张艳磊	环保核查	排污许可	张艳磊	环保核查	排污许可
lnY	0.734 ***	0.780 ***	0.712 ***	0.733 ***	0.779 ***	0.710 ***	0.735 ***	0.781 ***	0.713 ***
lnnybz	0.347 ***	0.324 ***	0.311 ***	0.346 ***	0.323 ***	0.310 ***	0.348 ***	0.324 ***	0.312 ***
lngywrbz	0.160 ***	0.434 ***	0.240 ***	0.159 ***	0.433 ***	0.240 ***	0.159 ***	0.433 ***	0.240 ***
lnER	−0.094 ***	−0.074 ***	−0.101 ***	−0.099 ***	−0.078 ***	−0.106 ***	−0.092 ***	−0.072 ***	−0.099 ***
N	4 696	4 717	4 690	4 696	4 717	4 690	4 696	4 717	4 690

注：结果保留 3 位小数，*** 表示在 1% 的显著性水平上显著。

　　基于不同工业污染产业占比测量方法的城市经济增长方程回归结果见表 3.6。表 3.6 的结果显示：①比较各生产要素对经济增长的弹性系数大小。其中，劳动力和物质资本对中国城市经济增长的弹性系数值在 0.544 ~ 0.695，在 1% 水平上显著。而人力资本的弹性系数值小于 0.05，在 1% 水平上显著，足以看出中国城市仍然是依靠劳动力和物质资本传统要素拉动经济增长的发展模式。这一结论与前面表 3.2 中傅京燕和李丽莎（2010）的基准回归结果基本一致。②环境污染对中国城市经济增长的弹性系数维持在 [-0.454，-0.390]，在 1% 的水平上显著为负，表明环境污染物排放增加，中国城市地区生产总值不增反降。环境污染物排放每增加 1 个百分点，地区生产总值降低 0.390 个以上百分点。同样地反映了以牺牲环境为代价，不仅没有换来地区生产总值增加，反而使中国城市经济下降。

　　基于不同工业污染产业占比测量方法的城市生产污染物排放量方程回归结果见表 3.7。表 3.7 的结果显示：①经济增长对生产污染的弹性系数取值区间稳定在 0.710 ~ 0.781，皆在 1% 的水平上显著，表明城市的经济增长不可避免地会带来生产污染的增加。经济每增长 1 个百分点，就会带来 0.710 个以上百分点的生产污染。无论是系数的大小及方向还是显著性水平，都未发生实质性的变化。②农业污染产业占比对生产污染的弹性系数在 0.310 ~ 0.348，皆在 1% 的水平上显著为正，表明农业生产给中国城市带来了环境污染。农业污染产业占比每提高 1 个百分点，给城市带来 0.310 个以上百分点的环境污染量的增加。无论是系数的大小及方向还是显著性水平，都未发生实质性的变化。③工业污染产业占比对生产污染的弹性系数在 0.159 ~ 0.434，皆在 1% 的水平上显著为正，表明工业污染产业给中国城市带来了环境污染。工业污染产业占比每提高 1 个百分点，给城市带来 0.159 个以上百分点的环境污染量的增加。④环境规制对生产污染的弹性系数在 1% 的显著水平上显著为负，取值在 [-0.106，-0.072]，即城市环境规制具有微弱的减污效应，但相比经济增长和经济结构的污染效应，减污效应还有很大的提升空间。

　　表 3.6 和表 3.7 的回归结果表明，在不同的工业污染产业占比测度方法

下，城市经济增长方程和生产污染物排放量方程的回归系数与前面表 3.2 和表 3.3 中傅京燕和李丽莎（2010）的回归结果大小几乎一致，没什么方向性的差别，说明工业污染产业占比指标的选取并没有对计量回归结果产生实质影响。

（2）环境规制指标的测量误差问题。基准回归中的综合环境规制强度采取生活污水处理率、生活垃圾无害化处理率、一般工业固体废弃物综合利用率 3 个指标以熵值法测度（环境规制强度测量方法一）。为了研究结论的严谨性，以 PM2.5、空气质量优良天数、集中饮用水源达标率、区域环境噪声值 4 个指标为基础，用熵值法测度城市的环境质量综合指数（环境规制强度测量方法二）作为城市环境规制强度的替换指标，以体现国家环境政策对城市环境质量影响的差异进行测量误差检验，回归结果如表 3.8 和表 3.9 所示。

表 3.8　　　　基于环境规制强度测量方法二的城市经济增长方程回归比较

折旧率	（1）9.6%			（2）5%			（3）15%		
参考标准	张艳磊	环保核查	排污许可	张艳磊	环保核查	排污许可	张艳磊	环保核查	排污许可
lnH_Y	0.040 ***	0.038 ***	0.047 ***	0.041 ***	0.039 ***	0.047 ***	0.043 ***	0.041 ***	0.049 ***
lnL	0.547	0.539	0.560	0.564	0.557	0.578	0.547	0.540	0.561
lnK	0.682 ***	0.677 ***	0.677 ***	0.659 ***	0.656 ***	0.655 ***	0.685 ***	0.680 ***	0.680 ***
lns	−0.396 ***	−0.370 ***	−0.413 ***	−0.403 ***	−0.379 ***	−0.424 ***	−0.397 ***	−0.370 ***	−0.414 ***
N	4 696	4 717	4 690	4 696	4 717	4 690	4 696	4 717	4 690

注：结果保留 3 位小数，*** 表示在 1% 的显著性水平上显著。

表 3.9　　　　　　基于环境规制强度测量方法二的城市生产

污染物排放量方程回归比较

折旧率	（1）9.6%			（2）5%			（3）15%		
参考标准	张艳磊	环保核查	排污许可	张艳磊	环保核查	排污许可	张艳磊	环保核查	排污许可
lnY	0.721 ***	0.769 ***	0.699 ***	0.719 ***	0.766 ***	0.697 ***	0.723 ***	0.770 ***	0.701 ***
lnnybz	0.354 ***	0.329 ***	0.318 ***	0.353 ***	0.328 ***	0.316 ***	0.355 ***	0.329 ***	0.319 ***
lngywrbz	0.166 ***	0.439 ***	0.244 ***	0.165 ***	0.438 ***	0.244 ***	0.166 ***	0.439 ***	0.344 ***
lnER	−0.487 ***	−0.452 ***	−0.437 ***	−0.498 ***	−0.460 ***	−0.446 ***	−0.479 ***	−0.445 ***	−0.429 ***
N	4 696	4 717	4 690	4 696	4 717	4 690	4 696	4 717	4 690

注：结果保留 3 位小数，*** 表示在 1% 的显著性水平上显著。

　　表 3.8 中基于环境规制强度测量方法二的城市经济增长方程回归结果与前面表 3.2 和表 3.6 几乎一致，表明以城市环境质量综合指数替换城市环境规制强度后对城市经济增长方程的回归结果无影响。

　　表 3.9 中基于环境规制强度测量方法二的城市生产污染物排放量方程回归结果显示，地区生产总值、农业产业占比、工业污染产业占比、城市环境质量综合指数对城市污染物排放的影响方向和显著性水平与前面的表 3.3 和表 3.7 几乎一致。重点看环境规制强度（lnER），用环境规制强度测量方法二的城市环境质量综合指数替换后，回归系数在 [−0.498，−0.429]，与前面的基准回归结果相比，系数的绝对值有所提高，说明以环境规制强度测量方法二测算的城市环境质量综合指数对城市生产污染物排放量的降低效应更明显，再次论证了前文的结论，即不管用什么测量方法，环境规制都是具有减污效应的。

3.5　本章小结

　　本章在彭水军和包群（2006）、黄茂兴和林寿富（2013）、童健等（2016）模型的基础上，将环境资源作为特殊的生产要素引入动态一般均衡理论模型，并对其进行拓展，构建了一个包含生产污染物排放量的最终产品部门、环境部门和清洁技术研发部门的七部门内生经济增长模型，分析了环境资源投入、环境规制、清洁技术研发、人力资本等因素在绿色发展过程中的作用，并直接基于最终产品部门的物质产品生产函数和生产污染物排放量函数，把生产的环境资源投入分解为环境资源投入的经济总量效应（地区生产总值）和经济结构效应（污染产业占比），构建联立方程组，利用 2003~2019 年中国 286 个城市的面板数据进行实证，得到以下结论。

　　（1）增加研发人力资本投入，提高研发部门和人力资源部门的生产效率，能有效提高城市经济增长率，降低消费者时间偏好率有利于绿色发展。

　　（2）经济要想实现绿色发展，则经济增长率和消费增长率必须小于环境整体具有的生长能力和净化能力（既包括环境自身的生长能力和净化能力，还包括人工的生长和净化能力）。欲实现人与自然和谐共生的绿色发展，环境资源存量的增长率必须大于经济增长率，人工的环境修复和净化能力将在绿色发展中扮演越来越重要的作用。

（3）中国城市经济增长主要靠劳动力和物质资本传统要素拉动，经济总量每增长1%，生产污染增加0.743%以上。农业产业占比和工业污染产业占比分别以高于0.290和0.251的弹性系数值增加城市环境污染。环境污染以0.362以上的弹性系数抑制了中国城市经济增长。环境规制有减污效应，但其减污效应不大，还有很大的提升空间。可见，当前中国城市依然以传统的"三高一低"发展模式进行发展，但难以为继，践行绿色发展正当时。

基于以上结论，得出以下三点启示。

（1）研发部门提高人力资本投入及创新效率有利于城市经济绿色增长，同时，政府部门应该制定科技人才和研发创新的激励机制，从而有利于促进城市经济绿色增长。

（2）公众可持续发展意识越强，偏好于未来消费而不过于追求当前物质消费，则越利于绿色发展。这表明政府应该积极深入地对环境保护进行宣传，充分利用新闻媒体进行相关的舆论宣传，提高人们的绿色环保理念。同时积极引导消费者理性消费，大力提倡可持续消费和绿色消费。

（3）环境资源存量的增长率必须大于经济增长率。人工的环境修复和净化能力将在绿色发展中扮演越来越重要的作用，因此，不管是政府、企业，还是公众、社会要形成"创绿"的氛围，有意识地增加城市的绿色环境资源，从而增加环境资源的自生能力和净化能力，真正实现人与自然和谐共生的绿色发展。

第 4 章

中国城市绿色发展水平测度及时空演变分析

绿色发展是 21 世纪人类发展的共同主题，也是中国经济转型的根本方向。改革开放 40 余年，中国经历了大规模的快速城镇化过程，取得了非凡的成就，创造了巨额的财富。然而，人们在享受着城镇化带来的美好成果的同时，也饱尝经济发展所带来的生态破坏和环境污染等问题。因此，绿色发展是中国的必然选择和根本出路（胡鞍钢和周绍杰，2014）。然而由于环境污染存在较强的外部性，市场机制难以自发解决生态环境保护问题，地方政府行为又面临机会主义倾向，使得绿色发展在实践层面存在诸多挑战和困难，其中，如何科学测度各区域的绿色发展水平，然后制定差异化的绿色发展政策就是最首要的问题之一。

国内外已有很多学者对绿色发展水平测度进行过较为详细的研究，因测度的对象和测度方法的差异，测度指标体系构成也各有不同。其中，测度对象为国家层面的研究体系不少，其中，较为著名的是经济合作与发展组织（OECD）曾选取过 23 个具体指标分别考察环境和资源生产率、自然资产基础、生活质量的环境因素、经济机遇和政策响应 4 个方面的情况，通过构建包含经济、环境和人类福祉等维度的绿色增长指标体系来评价绿色发展程度。联合国环境规划署（UNEP）同时也提出一套包括经济转型、资源效率、社会进步和人类福祉 3 方面的绿色经济衡量框架，供各国制定相关绿色发展政策参考。纳曼等人（2016）、卡斯特兰（2017）分别通过构建多维度多指标的绿色经济绩效综合指标体系和绿色发展指标体系，测度比较了全球多个国家的绿色经济发展水平。前者发现碳足迹高或过于依靠矿产资源开发的国家的绿色经济绩效普遍比较低，后者通过采用 Hellwig 分类法对所属不同绿色发展水平的国家进行归类后发现研究对象的绿色发展水平整体较低，基本处于第四梯队。除此之外，还有蓝庆新和黄婧涵（2020）、杜莉和马遥遥（2019）、高赢（2019）、马骍（2019）等中国学者也对国家层面的绿色发展水平做过测度，测度对象为省域层面（张旭等，2020；程钰等，2019；王勇等，2018；蔡绍洪等，2017；任嘉敏和马延吉，2018；孙才志等，2017；尹传斌和蒋奇杰，2017）的评价体系多且大多集中在国内。而城市作为人类生产生活和经济发展高级化的集聚地，是推进绿色发展的重中之重（白杨等，2011）。中国城市化发展进程亦表明，环境污染问题主要集中发生在城市区域。近年来，少数学者开始对城市群（黄跃和李琳，2017；吴传清和黄磊，2017；刘杨等，2019；熊曦等，2019）及城市（黄磊和吴传清，2019；赵领娣等，2019；罗宣等，2017；张欢等，2016）的绿色发展水平测度进行研究，但现有的城市绿色发展水平测度仅仅对中国少数或者特定类型城市的绿色发展水平进行了测算，很少有系统地囊括所有或尽可能多的城市，由此导致各类城市绿色发展水平难以进行横向比较和缺乏全局路径视野。个别学者测度过中国地级及以上城市的绿色发展水平（刘凯等，2017；欧阳志云等，2009），但没有深入分析其时空演变趋势。因此，对中国地级及以上城市较长一段时间内的绿色发展水平进行测度，并深入揭示中国城市绿色发展水平的时空差异及其演变规律，对进一步有的放矢地推进城市绿色发展、助推城市高质量发展、建设美丽中国有较强的理论和实践意义。

鉴于此，基于 2003～2019 年中国 286 个地级及以上城市的面板数据，从绿色生产、绿色生态和绿色生活 3 个方面构建城市绿色发展水平测度指标体系，运用纵横向拉开档次评价法赋予各指标权重，测算中国城市绿色发展水平，然后通过空间相关分析等方法揭示城市绿色发展水平的时空差异及其

演变特征，这对缩小中国城市绿色发展水平的地区差异、促进城市绿色发展
水平的协调有重要意义。

　　本章的主要研究内容包括以下 5 部分：一是理论上分析影响城市绿色发
展水平的主要方面，为下一步构建城市绿色发展水平测度指标体系提供理论
解释；二是依据上一步的理论分析构建城市绿色发展水平测度指标体系，并
对各层指标影响绿色发展水平的逻辑原理进行解释说明；三是介绍城市绿色
发展水平测度及分析方法和数据来源说明；四是对中国 286 个地级市城市绿
色发展水平测度结果进行时间和空间等多维度的演变特征分析；五是本章
小结。

4.1　城市绿色发展水平测度理论分析

　　习近平总书记在党的十九大报告及考察讲话中多次提到，人与自然和谐
共生的绿色发展就是要统筹协调好生产、生态和生活三者的关系，坚持生态
优先、绿色发展。践行绿色发展理念，就是要推动生产、生活、生态协调发
展。因此，影响绿色发展水平的因素主要包括绿色生产、绿色生态和绿色生
活 3 个大方面。

　　（1）绿色生产。绿色生产，是指以节能、降耗、减污为目标，以管理和
技术为手段，实施工业生产全过程污染控制，使污染物的产生量最少化的一
种综合措施。生产一方面需要投入各种要素，包括环境资源要素；另一方面
会排出污染。第 3 章的 DGE 理论框架中，假设城市 j 最终产品部门的物质生
产函数式和污染物排放量函数式为：

$$Y = A^{\alpha+\beta}(H_Y)^{\alpha}L^{\beta}D^{\eta}\pi^{\gamma}, \alpha+\beta+\eta+\gamma=1 \tag{4.1}$$

$$s = \psi(z,\pi) = \rho_1 \frac{\pi}{z} \tag{4.2}$$

　　式（4.1）中，Y 为经济总产出，A 为内生的一般性生产力技术水平参数，
H_Y、L、D、π 分别为城市 j 最终产品部门使用的人力资本量、劳动力人数、

中间品和环境资源。α、β、η、γ 为各生产要素的产出弹性。假设 L 不变。

式（4.2）中，s 是污染物排放量，z 是清洁技术水平，ρ_1 是环境资源消耗的排放系数；假设一阶导数 $\psi'_z(z, \pi) < 0$，即同等环境资源条件下，清洁技术水平越高，污染物排放量越少；假设一阶导数 $\psi'_\pi(z, \pi) > 0$，同等清洁技术水平下，环境资源消耗越多，污染物排放量越多。对式（4.1）和式（4.2）的两边同时取对数关于时间 t 求导，可得最终产品和污染物排放量的增长率公式为：

$$g_Y = (\alpha + \beta)g_{A_{t-1}} + \alpha g_{H_{Y_{t-1}}} + \beta g_L + \eta g_K + \gamma g_\pi + (\alpha + \beta)g_{\varepsilon_t} \quad (4.3)$$

$$g_s = g_\pi - g_{z_{t-1}} - g_{\varepsilon_t} \quad (4.4)$$

依据式（4.4），由于上一期的环境清洁技术增长率 $g_{z_{t-1}}$ 不变，环境资源投入 π 的增长率 g_π 和污染物排放量的增长率 g_s 上升，绿色发展水平则下降。同时，由于技术进步不变，劳动和资本等要素投入增加，按照边际产出递减规律，总产值 Y 虽上升，但要素的边际产出和平均产出递减。由此可得，从微观企业自身来说，绿色生产体现为生产技术、污染物排放量增长率和资源要素利用率 3 个方面。因此，从区域绿色发展水平来看，绿色生产体现为该区域的经济增长质量、污染物排放强度和资源利用强度三方面。

（2）绿色生态。绿色生态是指绿色的生态环境，即人与自然和谐共生共处且高度协调的生态系统。人类从生态环境获得物质和能量来开发自然资源和生产产品，又以消费活动的形式将废弃物归还环境。第 3 章 DGE 理论框架中，假设环境部门的环境存量累积方程式为：

$$\dot{E} = \mu E + \delta_m m - \pi - \delta_s s \quad (4.5)$$

其中，E 为环境存量，体现为资源禀赋。μ 为环境自生和净化能力系数，一般来说，环境是具有自生和净化能力的，而且环境存量越多，环境的自生和净化能力就越强，即环境自生和净化能力与环境存量正相关，因此 μ 大于 0。δ_m 为人工的生态保育支出 m 的环境管理效率，$\delta_m m$ 为人工的修复和净化能力产生环境资源，体现为生态保护。π 为投入生产中所消耗的环境资源，

s 为污染物排放量，δ_s 为污染系数，$\delta_s s$ 为污染物排放量对环境资源的再次损耗，体现为环境治理。因此依据式（4.5）可得，从微观企业和个体所处的环境来说，绿色生态体现为资源禀赋、生态保护和环境治理。

（3）绿色生活。绿色生活是指没有污染、节约资源和能源、对环境有益、对人类健康有益的生存活动。因此，只要是对人类健康生活有益都是绿色生活包括的对象。例如，节水节电、尽量乘坐公共交通等绿色消费行为，绿色的居住环境等都是绿色生活包括的内容。依据第 3 章 DGE 理论框架，假定公众追求尽可能高的消费效用水平。而这里的消费效用不仅包括物质消费的需求，还包括天蓝、地绿、水清等良好休闲环境方面的需求，假定代表性消费者在无限时域上对消费 C 和环境资源存量 E 产生效用，设定效用 u 函数形式（刘锡良和文书洋，2019）为：

$$u(C,E) = \frac{C^{1-\sigma} - 1}{1-\sigma} + \frac{E^{1-\omega} - 1}{1-\omega} \tag{4.6}$$

其中，σ 为物质消费 C 的相对风险厌恶系数，ω 为环境资源存量 E 的相对风险厌恶系数。

依据公众的消费选择行为效用 u 函数式（4.6）可得，从消费个体来说，绿色生活体现为居民绿色消费行为（物质消费需求）、居民绿色居住环境（环境需求）两个方面。

4.2　城市绿色发展水平测度指标体系构建

根据前面的理论分析和绿色发展内涵，在前人研究成果的基础上，更加注重突出城市空间的绿色发展特点，更加注重指标选取的科学性、系统性和平衡性，并按照层次分析法构建城市绿色发展水平测度指标体系，如表 4.1 所示。目标层是城市绿色发展水平，一级指标层包括绿色生产、绿色生态和绿色生活 3 个方面，每个一级指标又包含 2~3 个二级指标，共 8 个二级指标。其中，绿色生产包含经济增长质量、污染排放强度、资源利用强度 3 个二级指标。绿色生态包含生态保护、环境治理、资源禀赋 3 个二级指标。绿色生活包含绿色行为、居住环境 2 个二级指标。每个二级指标又包含 2 ~ 5 个三级指标，共有 25 个三级指标。各层之间的逻辑关联性说明如下。

表 4.1　　　　　　　　　城市绿色发展水平测度指标体系

总目标	一级指标	二级指标	三级指标	单位	指标属性
城市绿色发展水平	A_1 绿色生产	B_1 经济增长质量	C_1 人均实际 GDP 增长率	%	+
			C_2 工业增加值占 GDP 比重	%	+
			C_3 第三产业增加值占 GDP 比重	%	+
			C_4 污染产业产值占工业总产值比重	%	−
			C_5 居民人均可支配收入	万元	+
		B_2 污染排放强度	C_6 单位 GDP 废水排放量	吨/万元	−
			C_7 单位 GDP 二氧化硫排放量	吨/万元	−
			C_8 单位 GDP 烟尘排放量	吨/万元	−
		B_3 资源利用强度	C_9 单位 GDP 总用电量	千瓦时/万元	−
			C_{10} 单位 GDP 用水量	立方米/万元	−
			C_{11} 单位 GDP 建成区面积	平方千米/万元	−
	A_2 绿色生态	B_4 生态保护	C_{12} 造林面积占辖区面积比重	%	−
			C_{13} 森林覆盖率	%	+
		B_5 环境治理	C_{14} 生活污水处理率	%	+
			C_{15} 生活垃圾无害化处理率	%	+
			C_{16} 工业固体废物综合利用率	%	+
		B_6 资源禀赋	C_{17} 人均水资源量	立方米	+
			C_{18} 人均园林绿地面积	公顷	+
	A_3 绿色生活	B_7 绿色行为	C_{19} 人均生活用电量	千瓦时	−
			C_{20} 人均日生活用水量	升	−
			C_{21} 城镇每万人口公共交通客运量	万人次	+
		B_8 居住环境	C_{22} 建成区绿化覆盖率	%	+
			C_{23} PM2.5	微克/立方米	−
			C_{24} 空气质量优良天数比例	%	+
			C_{25} 区域环境噪声值	分贝	−

注："+"表示正向指标，"−"表示逆向指标。

第一，绿色生产方面。结合前文的理论分析结论可知绿色生产体现为生产质量、污染排放强度和环境资源要素利用强度 3 个方面，因此考察绿色生产水平，既要考察经济增长的量，还要注重经济增长的质，即高产出的同时还要低污染、低消耗。故绿色生产下设经济增长质量、污染排放强度和资源利用强度 3 个二级指标。其中，经济增长质量体现产出高效且结构优良的状况，采用人均 GDP 增长率和工业增加值占 GDP 比重、第三产业增加值占 GDP 比重、居民人均可支配收入、污染产业产值占工业总产值比重衡量。人均 GDP 增长率越高，代表当地经济增长质量越高，产出率越高，越有利于绿色发展。工业增加值占 GDP 比重越高，说明当地工业生产效率越高，越有利于绿色发展。第三产业增加值占 GDP 比重越高，反映当地产业结构优良，越有利于绿色发展。居民人均可支配收入的值越高，说明当地经济增长质量越高，越有利于绿色发展。污染产业产值占工业总产值比重越大，说明该地区工业总产值中污染产业产值贡献越多；污染产业产值越大，产生的污染越多，越不利于绿色发展。污染排放强度体现污染排放情况，选用单位 GDP 工业"三废"（废水、SO_2、烟尘）排放量反映，其值越大，说明单位 GDP 污染排放量越多，越不利于绿色发展。资源利用强度体现资源消耗情况，采用单位 GDP 用电量、单位 GDP 用水量、单位 GDP 建成区面积[①]考察电、水和土地等资源的利用效率，其值越大，说明每一单位 GDP 耗用的电量、水量和土地面积越多，资源利用效率越低，越不利于绿色发展。

第二，绿色生态方面。绿色生态环境主要体现在 3 个方面：生态保护指标方面（森林覆盖率、造林面积等）；污染物控制方面（污水经中水站处理成中水、垃圾减量并无害处理等）；资源环境存量方面（水资源和园林绿地等资源环境存量）。因此绿色生态下设生态保护、环境治理、资源禀赋 3 个二级指标。其中，生态保护体现的是各地区对生态环境的保护与建设力度及生态系统的自我保护能力，主要通过当年造林总面积占辖区面积比重和森林

---

　　① 　这里之所以没有选用单位 GDP 土地面积来反映土地资源利用效率，是因为建成区土地面积才是真正产出 GDP 的土地利用面积，用单位 GDP 建成区面积更能真实反映土地资源的利用强度和效率的高低。

覆盖率2个指标来反映。其中，当年造林总面积占辖区面积比重反映当年新增造林面积，体现地区对生态环境的保护和建设力度，其值越大，表明该地区保护生态环境的力度越大，越有利于该地区的绿色发展。森林覆盖率反映现存的森林面积，体现的是生态系统的自我净化和保护能力，其值越高，代表森林资源越丰富，生态系统的自我保护能力越强，越有利于绿色发展。环境治理体现的是各地区对污水、垃圾等排放物的处理力度，选用生活污水处理率、生活垃圾无害化处理率、工业固体废物综合利用率来反映，其值越高，说明该地区污水处理及垃圾处理力度越强，越有利于绿色发展。资源禀赋体现一个地区水资源和园林绿地资源禀赋状况，选用人均水资源量、人均园林绿地面积两个指标来体现，人均水资源量越多，人均园林绿地面积的值越大，说明该地区资源禀赋越好、生态绿化越好，越有利于绿色发展。

第三，绿色生活方面。根据前面理论分析得出的结论：只要是对人类健康生活有益都是绿色生活包括的对象。例如，节水节电等绿色消费行为、尽量乘坐公共交通等绿色出行行为以及改善居民居住环境等都是绿色生活包括的内容。这里将绿色生活分为居民绿色行为和居民居住环境两个方面。其中，居民绿色行为包括居民生活用水用电和绿色出行等，因此选用人均生活用电量、人均日生活用水量、城镇每万人口公共交通客运量指标来反映。人均生活用电量和人均日生活用水量越低，反映居民节电节水等消费意识越强，越利于提高城市绿色发展水平。城镇每万人口公共交通客运量反映居民出行选择公共交通工具的绿色出行倾向，其值越大，说明绿色出行频率越多，越有利于绿色发展。居住环境包括大气环境和声环境等，这里选取建成区绿化覆盖率、PM2.5、空气质量优良天数比例和区域环境噪声值4个指标来体现。建成区绿化覆盖率越高，说明城市绿化越好，越有利于城市绿色发展。PM2.5、空气质量优良天数比例是衡量空气质量的两个指标，PM2.5值越小，空气质量优良天数比例越大，说明空气质量越好，正向影响绿色发展水平；反之，则负向影响绿色发展水平。区域环境噪声值越大，说明该地区的声质量越差，越不利于绿色发展，是城市绿色发展水平的负向指标。

4.3　研究方法与数据

4.3.1　城市绿色发展水平测算方法

指标权重的确定方法直接关系到测度结果的合理准确性，包括主观赋权和客观赋权两种，其中主观赋权通常是请同领域的相关专家人为地打分来确定权重，如德尔菲法（秦伟山等，2013）。客观赋权法则是剔除人为因素，仅根据指标数据的特点计算权重，主要有熵值法（张欢等，2015）、层次分析法（陈晓丹等，2012；蓝庆新等，2013）、时序全局主成分分析法（成金华等，2013；张欢等，2014）、因子分析法（成金华等，2015）、纵横向拉开档次评价法（杨新梅和黄和平，2020）等。为保持客观性，同时为了避免熵值法常出现的极大或极小权重的问题，本书采用纵横向拉开档次评价法（杨新梅和黄和平，2020）对城市绿色发展水平进行测度分析，具体步骤如下。

（1）数据标准化处理。正向指标采用式（4.7）进行标准化处理，逆向指标采用式（4.8）进行标准化处理。

$$x_{ij} = \frac{X_{ij} - \min(X_{ij})}{\max(X_{ij}) - \min(X_{ij})} \tag{4.7}$$

$$x_{ij} = \frac{\max(X_{ij}) - X_{ij}}{\max(X_{ij}) - \min(X_{ij})} \tag{4.8}$$

其中，$X_{ij}(i = 1,2; j = 1,2,\cdots,m)$ 为无量纲处理前的原始指标值，$\max(X_{ij})$、$\min(X_{ij})$ 分别为 X_{ij} 的最大值和最小值。

（2）依据拉开档次法原理，把 n 个被评价对象看成是 m 维评价空间 x_{i1}，x_{i2}，$\cdots$，x_{im} 中的 n 个点投影到某一空间，使得各投影点在这一空间最分散。根据面板数据设置综合评价函数为：

$$y_i(t_k) = \sum_{j=1}^{m} \omega_j x_{ij}(t_k), (k = 1,2,\cdots,N; i = 1,2,\cdots,n; j = 1,2,\cdots,m) \tag{4.9}$$

其中，y_i 为被评价单元 i 的评价值，ω_j 是第 j 个评价指标的权重，若假定：

$$y_i = (y_1, y_2, \cdots, y_n)^T \qquad (4.10)$$

$$A_k = \begin{bmatrix} x_{11}(t_k) & x_{12}(t_k) & \cdots & x_{1m}(t_k) \\ x_{21}(t_k) & x_{22}(t_k) & \cdots & x_{2m}(t_k) \\ \vdots & \vdots & \vdots & \vdots \\ x_{n1}(t_k) & x_{n2}(t_k) & \cdots & x_{nm}(t_k) \end{bmatrix} \qquad (4.11)$$

$$\omega = (\omega_1, \omega_2, \cdots, \omega_m)^T \qquad (4.12)$$

则式（4.9）可写为：

$$y = A\omega \qquad (4.13)$$

（3）确定权重 ω。为了使得不同被评价对象之间的差异最大，就要指标 x 的线性函数 $y = \omega^T x$ 对 n 个被评价对象的方差最大，以此确定权重 ω。差异则可表示为：

$$\sigma^2 = \sum_{k=1}^{N} \sum_{i=1}^{n} \left[y_i(t_k) - \bar{y} \right]^2 \qquad (4.14)$$

将 $y = A\omega$ 代入式（4.14），并进行标准化处理，由此可知 $\bar{y} = 0$，有：

$$\sigma^2 = \sum_{k=1}^{N} \sum_{i=1}^{n} \left[y_i(t_k) \right]^2 = \sum_{k=1}^{N} \left[\omega^T H \omega \right] = \omega^T \sum_{k=1}^{N} H_k \omega \qquad (4.15)$$

其中，$\omega = (\omega_1, \omega_2, \cdots, \omega_m)^T$，$H = \sum_{k=1}^{N} H_k$ 为 $m \times m$ 阶对称矩阵，$H_k = A_k^T A_k$（$k = 1, 2, \cdots, N$）为实对称矩阵。显然，对于 ω 不加限制时，式（4.14）可以取任意大的值，这里限定 $\omega^T \omega = 1$，求式（4.15）的最大值，也就是选择 ω，使得以下等式成立。

$$\begin{cases} \max \omega^T H \omega \\ st.\ \omega^T \omega = 1 \\ \omega > 0 \end{cases} \qquad (4.16)$$

当 ω 为 H 的最大特征值所对应的权重时，式（4.16）取得最大值，将

ω 归一化即可求出权重系数 ω，且满足

$$\sum_{j=1}^{m} \omega_j = 1 \qquad (4.17)$$

（4）计算城市绿色发展指数。依据式（4.9）计算城市绿色发展指数，即城市绿色发展水平。

4.3.2　空间相关分析方法

因不同城市的地理位置不同，其物质生产生活、生态资源、环境质量、地理区位也有差异，这不仅影响其自身的绿色发展水平，同时也会影响其邻域的绿色发展水平。因此有必要对城市绿色发展水平的空间自相关性进行度量。

空间自相关分析可用来研究城市绿色发展水平时空格局演变特征。通常采用 Moran 指数（Sokal and Thomson，1987）来考察，具体包括全域空间自相关和局域空间自相关，分别采用全局 Moran 指数和局域 Moran 指数来测度。

（1）全局空间自相关。通常采用全局 Moran 指数来反映城市绿色发展水平在全局空间内的集聚性状态，全局 Moran 指数的计算公式为：

$$I = \frac{n \sum_{i=1}^{n} \sum_{j=1}^{n} W_{ij} |y_i - \bar{y}| |y_j - \bar{y}|}{\sum_{i=1}^{n} \sum_{j=1}^{n} W_{ij} \sum_{i=1}^{n} (y_i - \bar{y})^2} \qquad (4.18)$$

其中，n 表示城市的数量，y_i、y_j 分别表示城市 i、j 的绿色发展水平，$\bar{y}$ 表示城市绿色发展水平的均值，W_{ij} 是空间关系权重矩阵[①]，这里采用地理距离 d 的倒数来表示。

全局 Moran 指数 I 取值 [-1，1]，当 0 < I ≤ 1 时，说明各城市绿色发展水平具有空间正相关性，即趋于空间集聚特征；当趋近于或等于 0 时，则说明城市绿色发展水平不存在空间自相关；当 -1 ≤ I < 0 时，则说明城市绿色

---

① 本书采用地理距离的倒数作为空间权重矩阵，地理距离是基于经纬度用 Matlab 软件计算的城市间的球面距离。

发展水平具有空间负相关性，值越小说明空间分异性越强。Moran 指数的显著性水平通过统计量 Z 来检验，即：

$$Z = \frac{I - E(I)}{\sqrt{VAR(I)}} \tag{4.19}$$

其中，$E(I)$ 为期望值，$VAR(I)$ 为 I 的方差。当 $Z > 0$ 且显著时，说明城市绿色发展水平在空间分布上呈显著正相关；当 $Z < 0$ 且显著时，说明城市绿色发展水平在空间分布上呈显著负相关；否则，就不相关。

（2）局部空间自相关。为检验局部地区的空间集聚效应，将全局 Moran 指数分解为局部 Moran 指数，计算公式为：

$$I_i = \frac{y_i - \bar{y}}{S^2} \sum_{j=1}^{n} W_{ij}(y_j - \bar{y}) \tag{4.20}$$

其中，$I_i > 0$ 表示局部存在高－高或低－低的相似值空间集聚区，$I_i < 0$ 则表示局域存在高－低或低－高的相似值空间集聚区。

4.3.3　区域差异分析方法

根据达格姆（Dagum，1997）提出的基尼系数分解方法，对中国东部、中部和西部的城市绿色发展水平进行区域差异分解，总体基尼系数的计算公式为：

$$G = \sum_{j=1}^{k} \sum_{h=1}^{k} \sum_{i=1}^{n_j} \sum_{r=1}^{n_h} |y_{ji} - y_{hr}| / 2n^2 \bar{y} \tag{4.21}$$

其中，y_{ji}、y_{hr} 分别为 j、h 区域内各城市的绿色发展水平综合指数，$\bar{y}$ 为绿色发展水平综合指数的均值，n 为城市数量，k 为区域数量，n_j、n_h 分别为 j、h 区域内的城市数量，G 为总体基尼系数，j、h 为 k 个区域中不同的区域，且 $j = 1, 2, \cdots, k$，i、r 为 j 区域和 h 区域内的不同城市。

依据达格姆（1997），把总体基尼系数 G 分解为区内差异贡献 G_w、区间净值差异贡献 G_{nb}、超变密度贡献 G_t，分别表示为式（4.22）至式（4.24），并且它们之间的关系满足 $G = G_w + G_{nb} + G_t$。因此，某区域（如东部）的基尼系数 G_{jj} 和区域之间（ j 和 h 区域）的基尼系数 G_{jh} 可以分别表示为式（4.25）和式（4.26）。

$$G_w = \sum_{j=1}^{k} G_{jj} p_j s_j \tag{4.22}$$

$$G_{nb} = \sum_{j=2}^{k} \sum_{h=1}^{j=1} \left[G_{jh} (p_j s_h + p_h s_j) D_{jh} \right] \tag{4.23}$$

$$G_t = \sum_{j=2}^{k} \sum_{h=1}^{j-1} \left[G_{jh} (p_j s_h + p_h s_j) (1 - D_{jh}) \right] \tag{4.24}$$

$$G_{jj} = \frac{1}{2\bar{y}_j} \sum_{i=1}^{n_j} \sum_{r=1}^{n_j} |y_{ji} - y_{jr}| / n_j^2 \tag{4.25}$$

$$G_{jh} = \sum_{i=1}^{n_j} \sum_{r=1}^{n_h} |y_{ji} - y_{hr}| / \left[n_j n_h (\bar{y}_j + \bar{y}_h) \right] \tag{4.26}$$

式（4.22）至式（4.24）中，p_j 为 j 地区城市数与全国城市总数的比值（ n_j / n），s_j 为 j 地区城市绿色发展水平综合指数的比值（ $n_j \bar{y}_j / n\bar{y}$），j = 1，2，…，k；D_{jh} 为 j 区域和 h 区域之间绿色发展水平的相对影响，其计算公式为：

$$D_{jh} = (d_{jh} - p_{jh}) / (d_{jh} + p_{jh}) \tag{4.27}$$

其中，d_{jh} 为区域之间绿色发展水平的差值，即 j、h 区域中满足 $y_{ji} - y_{hr} > 0$ 的所有样本值之和的数学期望。p_{jh} 为超变一阶矩，表示 j、h 区域中所有的 $y_{hr} - y_{ji} > 0$ 样本值之和的数学期望。d_{jh}、p_{jh} 可分别通过式（4.28）和式（4.29）计算，其中，F_j、F_h 分别为 j、h 地区的累积密度分布函数。

$$d_{jh} = \int_0^{\infty} dF_j(y) \int_0^{y} (y - x) dF_h(x) \tag{4.28}$$

$$p_{jh} = \int_0^{\infty} dF_h(y) \int_0^{y} (y - x) dF_j(x) \tag{4.29}$$

4.3.4　数据来源

本章选取 2003～2019 年 286 个地级及以上城市作为研究对象。各城市宏观数据主要来自《中国城市统计年鉴》（2004～2020）及各省份、城市统计年鉴。生态保护方面指标及空气优良天数、区域环境噪声值指标的数据主要来源于各省份、城市2003～2019年环境状况公报。水资源量数据来源于各省份水资源公报。缺失数据采用线性插值法进行补充。考虑数据完整和可得，这里选取的286个地级及以上城市（不包括中国港澳台地区）和缺失数据较严重的毕节市、巢湖市、海东市、三沙市、铜仁市、儋州市和自治州、盟等地区。城市之间的地理距离是基于经纬度用Matlab软件计算的城市间的球面距离。

4.4　结果分析

4.4.1　全国城市绿色发展水平总体分析

根据前述绿色发展水平指数计算公式得到全国2003～2019年的城市绿色发展指数均值及一级指标（绿色生产、绿色生活、绿色生态）方面的得分，结果见图4.1和表4.2。

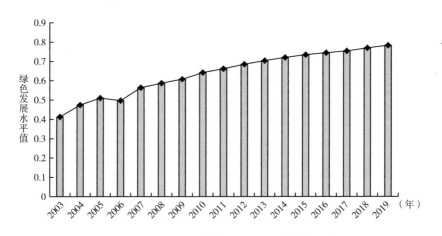

图4.1　全国城市绿色发展水平均值的变化趋势

表 4.2　城市绿色发展水平的全国均值及一级指标的均值

年份	全国均值	绿色生产指数	绿色生态指数	绿色生活指数
2003	0.4130	0.3970	0.4204	0.6180
2004	0.4745	0.4004	0.5175	0.6201
2005	0.5100	0.4138	0.5686	0.6550
2006	0.4966	0.4162	0.5707	0.6502
2007	0.5636	0.4307	0.6421	0.6533
2008	0.5865	0.4413	0.6721	0.6625
2009	0.6077	0.4543	0.6999	0.6746
2010	0.6423	0.4618	0.7498	0.7244
2011	0.6619	0.4727	0.7751	0.7607
2012	0.6851	0.4902	0.8043	0.7755
2013	0.7038	0.5058	0.8276	0.7753
2014	0.7199	0.5237	0.8460	0.7849
2015	0.7342	0.5429	0.8621	0.7993
2016	0.7444	0.5578	0.8718	0.8010
2017	0.7536	0.5749	0.8792	0.8044
2018	0.7689	0.5972	0.8926	0.8067
2019	0.7822	0.6214	0.9038	0.8173

从图 4.1 和表 4.2 可以发现，全国总体的城市绿色发展水平在稳步提升，由 2003 年的 0.4130 逐年提升至 2019 年的 0.7822，16 年来增长了近 1 倍，平均每年增长 3.83%，仅 2006 年全国城市绿色发展水平略有下降，原因可能在于 2006 年末，全国没有实现年初确定的节能降耗和污染减排的目标，高耗能、高污染行业增长过快，占全国工业能耗和二氧化硫排放近 70% 的六大行业增长 20.6%，节能减排面临十分严峻的形势。为此，2007 年初，国务院印发了《节能减排综合性工作方案》的通知，并纳入地方政府领导干部综合考核评价，实行"一票否决制"。其余年份的全国城市绿色发展水平

均为正增长，但增长率呈现下降趋势。

若按百分制来看，全国城市绿色发展水平处于 0 ~ 1，满分为 1（100 分）的话，2009 年之前，全国城市绿色发展水平小于 0.6（60 分），为不及格水平。2009 年，全国城市绿色发展水平为 0.6077，刚达到及格水平，随后逐年改善。截至 2019 年，全国城市绿色发展水平的均值为 0.7689，仍低于 0.8（80 分），说明全国城市绿色发展水平还有很大的提升空间。若按 2003 ~ 2019 年绿色发展水平全距（潜在最大值 – 潜在最小值）的四分位数间距，将全国 286 个地级及以上城市的绿色发展综合水平划分为高 [0.8，1.0]、中高 [0.6，0.8)、中等 [0.4，0.6)、中低 [0.2，0.4) 和低（0，0.2）5 类等级水平，则全国城市绿色发展水平均值由 2003 年的中等水平上升到 2019 年的中高水平。

一级指标层（绿色生产、绿色生态和绿色生活）的均值计算结果见表 4.2，再结合变化趋势（见图 4.2）可以得出：①截至 2019 年，绿色生态指数得分最高，其次是绿色生活指数得分，绿色生产指数得分最低。②绿色生产指数、绿色生态指数和绿色生活指数在 2003 ~ 2019 年呈现逐年较为平稳增长态势，平均增长率分别为 2.67%、4.61%、1.66%。与全国城市绿色发展水平均值增长率（3.83%）相比，绿色生态指数增长较快，对城市绿色发展水平的提升贡献最大。③绿色生活指数 2003 ~ 2019 年一直处于全国城市绿色发展水平均值之上，且平稳增长，但增长幅度最小。④绿色生产指数虽然也呈现逐年上升，但是增长幅度远远弱于绿色生态指数（4.61%）及全国均值的上升幅度（3.83%），而且从具体数值来看，绿色生产指数是拉低全国城市绿色发展水平的主要因素，说明在考察期内，中国城市的发展模式是传统的粗放发展，即高速经济增长的同时，生产要素投入高，能源资源消耗高，污染排放强度高，资源利用效率低，最终拉低了绿色生产指数。因此，要加速提升城市绿色发展水平，迫切需要提高绿色生产水平。

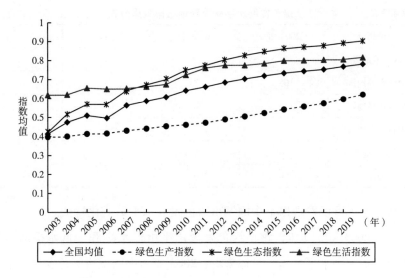

图 4.2　城市绿色发展水平总体均值及一级指标均值走势

4.4.2　空间相关分析

为了进一步刻画各城市绿色发展水平的差异及时空演变趋势，将全国地级及以上城市绿色发展水平按高 [0.8, 1.0]、中高 [0.6, 0.8)、中等 [0.4, 0.6)、中低 [0.2, 0.4) 和低 (0, 0.2) 划分为 5 类等级水平，以期全面直观地反映全国地级以上城市绿色发展水平的差异演变特征。依据研究的年限区间（2003 ~ 2019 年），截取等间距的 4 个年份时间点来呈现空间格局的动态演变特征，考虑到年份时间点不在整年上，同时依据早期年份数据相比当前更陈旧的事实扩大早年的时间间距。为此，本书选取 2003 年、2009 年、2014 年、2019 年 4 个时间断面①来刻画分析不同时期绿色发展水平的变化，表 4.3 为 4 个时间断面的绿色发展水平不同等级的城市个数构成情况。

---

① 因篇幅受限，每隔 5 ~ 6 年，选取 2003 年、2009 年、2014 年、2019 年 4 个时间断面列示，其他时间断面的结果有需要可向作者索取。

表 4.3   绿色发展水平各等级地级市数量分布   单位：个

等级划分	2003 年	2009 年	2014 年	2019 年
低水平地区	31	0	0	0
中低水平地区	105	17	0	0
中等水平地区	112	96	18	0
中高水平地区	38	173	257	193
高水平地区	0	0	11	93
合计	286	286	286	286

从表 4.3 可以发现以下中国城市绿色发展水平的变化特征。

（1）2003～2019 年，城市绿色发展水平由低水平和中低水平居多转变为中高水平和高水平居多。具体来看，2003 年，中国城市绿色发展水平普遍不高，近一半城市的绿色发展水平为中低水平及以下，中高水平地区仅占 13.3%，高水平地区更是一个也没有。到 2009 年，中国城市绿色发展水平则实现了飞跃式的提升。其中，286 个城市全部脱离低水平阶段，中低水平地区也仅占 6% 不到，94% 以上城市跃居为中等水平及中高水平。再到 2014 年，除零星几个城市还处于中等水平外，93.7% 的城市绿色发展水平为中高水平及以上，其中高水平地区有 11 个。截至 2019 年，100% 的城市绿色发展水平居中高水平及以上，高水平地区的城市数量有 93 个，约占总数的 1/3，其余均为中高水平地区。

（2）2003～2019 年，中等及以下水平地区在数量上明显减少，中高水平和高水平的地区在数量上大幅增加，且在空间分布上主要集聚在东部地区和中部地区。具体来看，绿色发展水平排名靠前的多位于东部地区，绿色发展水平较低地区多位于西部地区和少数中部地区，这可能与改革开放以来国家不均衡的经济发展有关，东部地区的京津冀、长三角、珠三角是中国最具活力的三大经济中心，地理位置优越，经济、社会和环境等方面资源投入相比中部地区和西部地区更多，导致绿色发展水平相对较高。西部地区资源投入不足，地理位置处于相对劣势，导致西部地区城市绿色发展水平较低。这一空间分布特征同时也从侧面体现了发展是硬道理，绿色发展并不是停止发展。相反，绿色发展才是中国城市高质量发展的内在要求。

为了揭示空间因素对城市绿色发展水平的影响，本书通过测算 2003 ～ 2019 年绿色发展水平的 Moran's I 指数对全局空间相关性进行检验，结果见表 4.4。

表 4.4　　　基于空间矩阵的城市绿色发展水平全局 Moran's I 指数

年份	空间矩阵类型	全局 Moran's I	Z-Value	P-Value
2003	距离矩阵	0.059	9.797	0.000
2004	距离矩阵	0.065	10.722	0.000
2005	距离矩阵	0.078	12.791	0.000
2006	距离矩阵	0.060	9.903	0.000
2007	距离矩阵	0.072	11.815	0.000
2008	距离矩阵	0.082	13.384	0.000
2009	距离矩阵	0.076	12.527	0.000
2010	距离矩阵	0.084	13.698	0.000
2011	距离矩阵	0.050	8.426	0.000
2012	距离矩阵	0.062	10.231	0.000
2013	距离矩阵	0.063	10.420	0.000
2014	距离矩阵	0.074	12.227	0.000
2015	距离矩阵	0.072	11.818	0.000
2016	距离矩阵	0.091	14.827	0.000
2017	距离矩阵	0.104	16.864	0.000
2018	距离矩阵	0.120	19.501	0.000
2019	距离矩阵	0.112	18.192	0.000

首先，表 4.4 报告了城市绿色发展水平的全局 Moran's I 指数。考察期内中国城市的绿色发展水平 Moran's I 指数均显著为正，说明中国城市绿色发展水平在空间分布上呈显著的正相关。这意味着中国城市绿色发展水平呈现典型的空间集聚特征，城市绿色发展水平的空间分布呈现高 - 高型空间集聚模式与低 - 低型空间集聚模式的正向空间相关性。这表明绿色发展水平较高的

地区往往与其他绿色发展水平较高的地区相邻，同理，绿色发展水平较低的地区往往被绿色发展水平较低的其他城市包围。

其次，具体利用 ArcGIS 10.6 中的空间统计工具中热点分析，对 2003 年、2009 年、2014 年、2019 年的中国城市绿色发展水平进行冷热点分析，可以得到表示概率的 P 值和标准差的倍数的 Z 得分。如果 Z 得分为正值且显著，表明位置 i 单元与邻近单元的绿色发展水平增加值都相对较高（高于均值），属于绿色发展水平改善集聚区（热点区）；相反，如果 Z 得分为负值且显著，则表明 i 单元与邻近单元的绿色发展水平较低（低于均值），属于绿色发展水平恶化集聚区（冷点区）。热点和冷点分别代表统计上显著的高值空间聚集和低值空间聚集。

研究发现：2003～2009 年，中国城市凸显的热点地区主要集中在广东省之外的东部沿海城市和邻近沿海的中部城市，冷点区域则位于西部地区和靠近珠三角的两广地区，其他较小的冷点区域则分布在东北地区。2014～2019 年，中国城市的热点区域依然集中在广东省之外的东部沿海城市和邻近沿海的中部城市，西部城市的冷点区域在缩小，而东北地区的冷点区域在扩大，两广地区的冷热点效应变得不再明显。

4.4.3　分区域结果分析

为描述不同区域的城市绿色发展水平的差异，依据对中国东部、中部和西部的划分标准（成金华等，2015），将全样本划分为东部、中部、西部三大区域（见表4.5）。

表4.5　　　　　　　　　　　　中国三大区域划分

区域	所包含的省份
东部	辽宁、海南、广东、山东、福建、浙江、江苏、上海、河北、天津、北京
中部	黑龙江、吉林、湖南、湖北、河南、江西、安徽、山西
西部	新疆、宁夏、青海、甘肃、陕西、西藏、云南、贵州、四川、重庆、广西、内蒙古

首先，通过计算三大区域的城市绿色发展水平均值，并绘制出演变趋势图（见图4.3），可以发现：第一，中国东部、中部和西部的城市绿色发展水平的总体走势与全国城市绿色发展水平大致相同，研究期间内曲折上行。第二，由于受到经济发展、城市规模、工业化进程等影响，三大区域城市绿色发展水平存在区域差异性，城市绿色发展水平均值的排名依次是东部城市、中部城市和西部城市，其中，东部城市的绿色发展水平均值最高，高于中部城市和西部城市，也高于全国均值。第三，在2013年之前，东部城市与中部城市、西部城市间的差异比较大。在2013年后，中部城市和西部城市的绿色发展水平与东部城市的差距在逐渐缩小，同时，西部城市的绿色发展水平开始靠近中部城市。

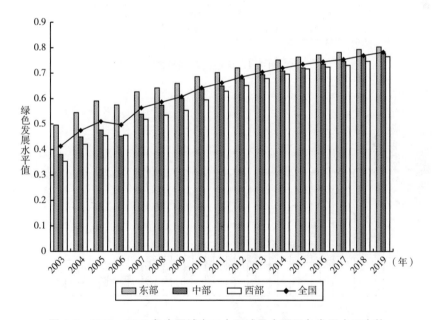

图4.3   2003～2019 年中国城市三大区域及全国绿色发展水平走势

其次，运用 Dagum 基尼系数分解法对 2003～2019 年全国城市绿色发展水平的总体差异以及东部、中部和西部的区域内差异、区域间差异以及差异来源进行了测度，结果如图4.4～图4.6所示。

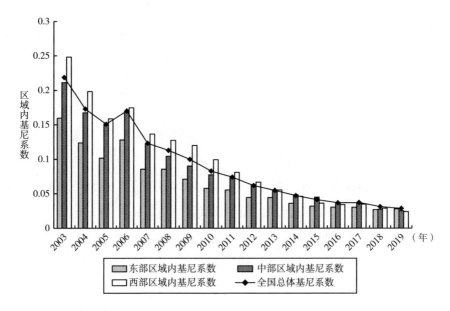

图 4.4　区域内基尼系数

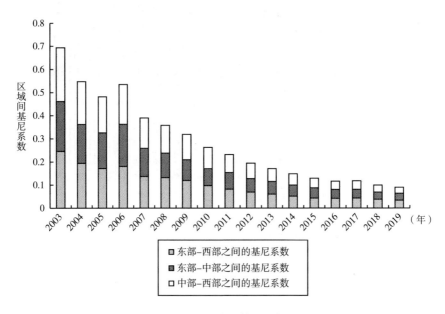

图 4.5　区域间基尼系数

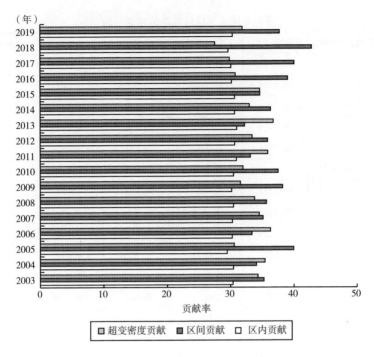

图 4.6   区域差异的来源分解

（1）图 4.4 反映的是全国和各区域内部的绿色发展水平的总体差异。由图 4.4 可知，全国和各区域内部的基尼系数（G）在 2003～2019 年存在显著的下降，表明样本考察期内中国城市绿色发展水平的总体差异呈下降趋势，东部城市、中部城市和西部城市内部的绿色发展水平差异亦呈下降趋势。

（2）图 4.5 反映的是东部、中部和西部之间绿色发展水平的区域间差异。由图 4.5 可以得出，各个区域之间的绿色发展水平基尼系数呈现一致的下降趋势。这说明区域与区域之间的绿色发展水平差距在逐步缩小，各区域之间的绿色发展水平趋向协调发展。

（3）表 4.6 和图 4.6 反映的是三大区域之间绿色发展水平的差异来源及其贡献。结果显示，2003～2019 年，三种差异的年平均贡献率从大到小依次排列为区域间差异（36.55%）、超变密度（33.09%）、区域内差异（30.36%）。这表明区域间差异是区域总体差异产生的主要来源，但是三者之间的贡献率相差较小。

表4.6 绿色发展水平区域差异的来源分解

年份	区内差异贡献	贡献率（%）	区间差异贡献	贡献率（%）	超变密度贡献	贡献率（%）
2003	0.0664	30.3716	0.0772	35.2825	0.0751	34.3458
2004	0.0526	30.4483	0.0589	34.1028	0.0612	35.4489
2005	0.0444	29.4600	0.0602	39.9630	0.0461	30.5771
2006	0.0514	30.2651	0.0568	33.4100	0.0617	36.3249
2007	0.0373	30.2855	0.0433	35.1567	0.0425	34.5578
2008	0.0344	30.4699	0.0403	35.7012	0.0382	33.8289
2009	0.0301	30.1772	0.0382	38.2358	0.0315	31.5870
2010	0.0252	30.4742	0.0310	37.5356	0.0265	31.9902
2011	0.0229	30.9349	0.0245	33.1624	0.0265	35.9027
2012	0.0189	30.6679	0.0221	35.8793	0.0206	33.4528
2013	0.0170	30.9961	0.0176	32.2377	0.0201	36.7662
2014	0.0145	30.6535	0.0171	36.3443	0.0156	33.0022
2015	0.0126	30.6659	0.0143	34.6737	0.0143	34.6604
2016	0.0111	30.1840	0.0144	39.0423	0.0113	30.7738
2017	0.0112	30.0909	0.0149	40.0528	0.0111	29.8563
2018	0.0092	29.6540	0.0133	42.7892	0.0086	27.5568
2019	0.0087	30.3393	0.0108	37.7726	0.0091	31.8881

4.5　本章小结

　　基于2003～2019年中国286个地级及以上城市的面板数据，本章从绿色生产、绿色生态和绿色生活3个方面构建绿色发展水平测度指标体系，运用纵横向拉开档次评价法测算中国城市绿色发展水平。然后通过空间相关分析、热点分析、Dagum基尼系数分解法等方法多维度探讨城市绿色发展水平的时空差异及其动态演变特征。研究发现：

　　（1）全国总体的城市绿色发展水平在稳步提升，但仍有很大的改善空间。由2003年的中等水平（0.4130）逐年提升至2019年的中高水平（0.7822），16年来增长了近1倍，中等及以下水平地区明显减少，截至

2019 年，100% 的城市绿色发展水平居中高水平及以上，高水平地区的城市数量有 93 个，约占总数的 1/3，且在空间分布上主要集聚在东部和中部地区。

（2）绿色生产指数、绿色生态指数和绿色生活指数考察期内逐年增长，平均增长率分别为 2.67%、4.61%、1.66%。与全国城市绿色发展水平均值增长率（3.83%）相比，绿色生态指数增长较快，绿色生活指数增长幅度最小。由于各指标增长速率不同，绿色生产指数、绿色生态指数和绿色生活指数对绿色发展的贡献在不同时期表现不一。2003 ~ 2007 年，贡献大小分别为：绿色生活指数 > 绿色生态指数 > 绿色生产指数；2007 ~ 2019 年，则变为：绿色生态指数 > 绿色生活指数 > 绿色生产指数。绿色生态指数对城市绿色发展水平的提升贡献最大。绿色生产指数虽然也呈现逐年上升，但是增长幅度（2.67%）远远弱于绿色生态指数（4.61%）及全国均值的上升幅度（3.83%），而且从具体数值来看，绿色生产指数是拉低城市绿色发展水平的主要贡献因子。说明在考察期内，中国城市的发展模式仍是传统的粗放发展模式，即高增长的同时，生产要素投入高，能源资源消耗高，污染排放强度高，资源利用效率低，最终拉低了绿色生产指数。因此要加速提升城市绿色发展水平，迫切需要提高绿色生产水平。

（3）中国城市绿色发展水平呈典型的高 - 高型空间集聚与低 - 低型空间集聚的正向空间相关性。绿色发展水平较高的地区往往与其他绿色发展水平较高的地区相邻，同理，绿色发展水平较低的地区往往被绿色发展水平较低的其他城市包围。2003 ~ 2009 年，中国城市凸显的热点地区主要集中在广东省之外的东部沿海城市和邻近沿海的中部城市。冷点区域则位于西部地区和靠近珠三角的两广地区，其他较小的冷点区域则分布在东北地区。2014 ~ 2019 年，中国城市的热点区域依然集中在广东省之外的东部沿海城市和邻近沿海的中部城市。西部城市的冷点区域在缩小，而东北地区的冷点区域在扩大，两广地区的冷热点效应变得不再明显。

（4）中国东部、中部和西部区域城市绿色发展水平均曲折上行，但存在区域差异性。城市绿色发展水平从大到小排名依次是东部城市、中部城市和西部城市，但中国城市绿色发展水平的总体差异及各区域内差异和区域间差异均呈现一致的下降趋势，区域间差异是区域总体差异产生的主要来源。

根据以上结论，得出以下 4 点启示。

第一，应继续提升全国绿色发展总体水平，且"发展"和"绿色"协调并进。充分重视绿色发展的空间非均衡特征，各级政府应积极采取措施有效缩小各地区经济发展水平及产业结构的差距。

第二，应重点提高绿色生产水平以达到显著提升绿色发展水平的目的。各地方政府和企业应该以节能、降耗、减污为目标，推动绿色工业发展，实现绿色清洁生产。

第三，应以绿色发展水平较高地区为中心辐射周边地区，带动周边地区的绿色发展。同时，绿色发展水平较低的地区可以借鉴水平较高区域的发展模式。

第四，国家应重点关注中部和西部地区的城市并给予其政策支持，同时引导区域间合作，实现优势互补，缩小区域间差异。各地区应该根据资源环境承载潜力、现有开发密度和发展潜力，逐步形成主体功能定位分工，形成东、中、西良性互动、协调发展。

| 第 5 章 |

经济增长目标压力对城市绿色发展的影响

第 3 章的动态一般均衡理论模型的均衡解表明，欲实现人与自然和谐共生的绿色发展，环境资源存量的增长率必须大于经济增长率，即经济增长率和消费增长率必须小于环境整体具有的生长能力和净化能力。中国城市经济增长和环境污染的实证结果却表明，中国城市经济增长主要靠劳动力和物质资本传统要素拉动，经济总量每增长 1%，生产污染增加 0.743% 以上。农业产业占比和工业污染产业占比分别以高于 0.290 和 0.251 的弹性系数值增加城市环境污染。环境污染以 0.362 以上的弹性系数抑制了中国城市经济增长。第 4 章的城市绿色发展水平测度结果表明，2009 年之前，全国城市绿色发展水平均值小于 0.6（60 分），为不及格水平，2009 年全国城市绿色发展水平均值为 0.6077，刚达到及格水平，随后逐年改善，截至 2019 年，全国城市绿色发展水平均值为 0.7689，仍低于 0.8（80 分），且增长率呈现下降趋势，说明全国城市绿色发展水平还有很大的提升空间。同时，改革开放以来，中国经历了经济持续快速增长，1979~2018 年中国经济年均增长率达到 9.4%。长期积累的环境问题也越来越严重，2019 年中国温室气体排放量为 140 亿吨二氧化碳当量，占全球排放总量的 26.7%（UNEP，2020）。理论和事实均表明，中国经济的高速增长率超过了环境资源存量的增长率，环境资源存量逐步恶化，高经济增长率拉高绿色发展水平的作用在弱化，环境污染效应拉低绿色发展水平的作用在凸显，致使城市绿色发展水平的增长率呈现下降趋势。

严峻的环境形势迫使中国政府和人民开始关注绿色发展。因此，研究经济增长目标管理对绿色发展的影响，相当于抓住了影响中国绿色发展的要害，供地方政府设定合理的经济增长目标作参考，也为地方政府落实绿色发展和追求高质量的经济增长提供理论指导和实践思路。而城市作为经济、文化、社会等现代化的重要载体，人口相对集聚的同时，污染排放也最集中，因此，城市是绿色发展的重中之重，处理好城市的生产、生活与生态环境保护的关系显得更为紧迫且重要。因此，研究经济增长目标管理对中国城市绿色发展水平的影响具有重大的现实意义。

要实现提升城市绿色发展水平，就很有必要搞清楚城市绿色发展的主要影响因素。近年来，国内外关于绿色发展的影响因素研究，主要是从政府管理、市场驱动和公众参与3个视角展开。其中，从政府管理视角研究绿色发展水平的影响因素的文献居多，大多从政策制度、税收竞争、环境分权和环境规制等方面切入。政策制度方面，洛雷克和斯潘根贝格（2014）认为社会制度创新能驱动绿色发展。杜雷尔等（2015）发现财政政策创新对亚洲地区的绿色经济发展起到关键作用。税收竞争对本地区的绿色发展效率的影响有正有负，王华春等（2019）发现税收竞争提升了本地区的绿色发展效率，而李子豪和毛军（2018）、何爱平和安梦天（2019）则都得出税收竞争对本地区的绿色发展效率产生了负面影响的结论。环境分权方面，邹璇等（2019）、李光龙和周云蕾（2019）发现，环境分权和环境监察分权分别提高和抑制了绿色发展指数。关于绿色发展效率受环境规制的影响的结论，主要有促进（张治栋和秦淑悦，2018；刘建翠和郑世林，2019）、抑制（李雪松和曾宇航，2019）和"U"型曲线关系（杨仁发和李娜娜，2019）3种。市场驱动机制方面，学者们主要从技术研发、产业发展及金融发展等方面进行研究。较多学者（陈瑶，2018；车磊等，2018；郝淑双和朱喜安，2019）一致认为技术创新提高了绿色发展效率。尤其是发展中国家，技术创新是绿色增长的核心要素（Bowen and Hepburn，2014；Samad and Manzoor，2015；Walz et al.，2017）。但关于产业发展对绿色发展的影响研究，则有推动（吴传清和黄磊，2018；杨宏伟等，2019）和抑制作用（王兵和侯冰清，2017）两种截然相反的结论，岳书敬等（2015）还发现产业集聚对绿色发展存在"U"型等更复杂的关系效应。希罗尼塔（2016）研究发现产业结构变化是影响经济绿色发展的重要因素。金融发展对绿色发展效率的作用研究主要集中在金融深化（刘耀彬等，2017）、金融集聚（袁华锡等，2019）等方面。公众参与和绿色发展效率的关系研究则相对较少，但均认为公众参与有利于绿色发展。如张华等（2017）、贺晓宇和韩保江（2018）研究表明，公众诉求倒逼地方政府增加了环保支出力度和提高了环境监管强度，从而提升了绿色发展水平。

综上，现有文献对于绿色发展的影响因素的研究较为丰富，尤其是政府管理和市场驱动两方面的因素分析较为深入。但在政府管理层面，至今未有文献从地方政府官员晋升激励作用于地方经济增长目标管理的视角来研究地区绿色发展水平。尽管有些学者对地方经济管理目标作用于经济发展质量（徐现祥等，2018）、投资增长（刘淑琳等，2019）、产业结构升级（余泳泽等，2019）或技术进步（王贤彬和陈春秀，2019）进行过研究，但对于经济增长目标作用于城市绿色发展水平的程度及其机理的研究甚少。因此，本章以地方政府工作报告中每年年初设定的经济增长目标数据为基础，考察由经济增长目标的设立带来的增长压力对城市绿色发展的影响，既可以丰富拓展绿色发展水平的政府管理层面的影响因素研究，又能为地方政府提升当地绿色发展水平提供战略思考。

本章的创新及研究意义体现在：

（1）研究视角上，本章研究地方政府的经济增长目标压力对绿色发展的作用及机制，更加贴近中国现实。年初地方政府如果设定过高的增长目标，就可能为了完成增长目标而选择牺牲环境为代价的粗放式发展，从而不利于绿色发展。

（2）实证数据上，本章收集了 2003～2019 年 286 个地级及以上城市的政府工作报告中的经济增长目标数据，采用临近几年的实际经济增长率均值构造地方经济增长潜力值，再以经济增长目标数据减去地方经济增长潜力值的差值，通过归一化得出经济增长目标压力指数，进而分析其对城市绿色发展水平的影响。这样既解决了内生性问题，也更好地反映了地方政府经济增长目标压力对城市绿色发展水平的作用机理。

（3）研究意义上，从地方政府官员的晋升激励作用于地方经济增长目标的视角来考察中国城市绿色发展水平的障碍因素，既可以丰富拓展绿色发展水平的政府管理层面的影响因素研究，又能为地方政府提升当地绿色发展水平提供战略思考。

本章分为5个部分：一是介绍经济增长目标管理制度背景，并理论分析经济增长目标压力对城市绿色发展的影响，提出理论假设；二是构建计量模型，数据说明及描述性统计；三是实证结果分析与稳健性讨论；四是实证检验经济增长目标压力作用于城市绿色发展水平的机制；五是本章归纳小结。

5.1　制度背景与理论假设

5.1.1　制度背景

全球普遍对经济增长目标进行管理。从1950年开始，大多数的发达国家和发展中国家都一直设定或者曾经设定经济增长目标（徐现祥和刘毓芸，2017）。

周黎安（2007）认为，在有限的任期内，地方官员唯有通过实现高速经济增长才能向上级证明自己的能力，以获得更多的晋升机会。姚洋和张牧扬（2013）研究也发现，地方政府官员晋升和连任的概率直接与其任期内的经济增长绩效密切相关，经济增长绩效越高，官员获得晋升和连任的概率越大。而且为了获得上级的额外关注，地方官员往往会在上级政府的经济增长目标基础上再拔高一些，由此产生了比当地实际经济增长潜能还高的经济增长目标，"增长动力"变成了"增长压力"，从而促成了"三高一低"（高投入、高消耗、高污染、低效益）的粗放型经济增长模式，严重降低了增长质量，进而损害了城市的绿色发展水平。

5.1.2　理论假设

结合第 4 章推导出的经济总产出增长率公式和污染排放量增长率公式来解释经济增长目标压力与绿色发展的关系，即：

$$g_Y = (\alpha + \beta)g_{A_{t-1}} + \alpha g_{H_{Yt-1}} + \beta g_L + \eta g_K + \gamma g_\pi + (\alpha + \beta)g_{\varepsilon_t} \quad (5.1)$$

$$g_s = g_\pi - g_{z_{t-1}} - g_{\varepsilon_t} \quad (5.2)$$

为了便于分析，这里假定地方最大的经济增长潜能为 g_Y^* ，那么经济增长目标相对最大经济增长潜能高出的差额可体现经济增长压力。在式（5.1）两边同时减去 g_Y^* ，可得经济增长率偏离指标（ $g_Y - g_Y^*$ ）为：

$$g_Y - g_Y^* = (\alpha + \beta)g_{A_{t-1}} + \alpha g_{H_{Yt-1}} + \beta g_L + \eta g_K + \gamma g_\pi + (\alpha + \beta)g_{\varepsilon_t} - g_Y^*$$

$$(5.3)$$

其中，本期的技术进步 $g_{A_{t-1}}$ 、人力资本的增长率 $g_{H_{Yt-1}}$ 由上一期的投入决定，因此，经济增长目标相对最大经济增长潜能高出的差额部分（经济增长压力）只能依靠提高劳动投入增长率 g_L 、资本投入增长率 g_K 和环境资源投入增长率来完成年初设定的经济增长目标。然而，当该差额越大，即表示经济增长目标相对潜在经济增长率的绝对偏离值越大，劳动力、资本和环境资源的投入消耗就越大。而根据式（5.2），上期的环境清洁技术增长率 $g_{z_{t-1}}$ 不变，提升环境资源投入增长率 g_π 会导致环境污染增长率 g_s 同比例增加，从而拉低地区绿色发展水平。因此，在技术和人力资本无法短时间提升的情况下，城市 j 年初设定的经济增长目标超过潜在经济增长率越多，环境污染的效应就会越大，越不利于城市绿色发展。

依据各个城市经济潜在增长率的不同，需要对经济增长率偏离指标（ $g_Y - g_Y^*$ ）归一化处理，从而得出经济增长目标压力指数（jjzzyl）来衡量经济增长目标压力，即：

$$jjzzyl = \frac{(g_Y - g_Y{}^*) - \min(g_Y - g_Y{}^*)}{\max(g_Y - g_Y{}^*) - \min(g_Y - g_Y{}^*)} \tag{5.4}$$

这里，采用过去临近几年的实际经济增长率的平均值来代表最大经济增长潜能（$g_Y{}^*$）。

由此提出研究假设：当经济增长目标压力适中时，是有利于城市绿色发展水平的提升；而当经济增长目标压力过大时，反而会负向影响城市绿色发展水平，即经济增长目标压力与中国城市绿色发展水平呈倒"U"型曲线的关系。

5.2 计量模型与数据说明

5.2.1 模型构建

绿色发展水平作为被解释变量，经济增长目标压力作为核心解释变量，再依据已有的绿色发展实证文献纳入系列控制变量，设定计量模型，即：

$$\begin{aligned}
greend_{jt} = {} & \alpha_0 + \alpha_1 jjzzyl5_{jt} + \alpha_2 sq\_jjzzyl5_{jt} + \alpha_3 dfzfjz_{jt} + \alpha_4 hjfq_{jt} + \alpha_5 er_{jt} \\
& + \alpha_6 lnrjgdp_{jt} + \alpha_7 lnrlzb_{jt} + \alpha_8 cyjjsp_{jt} + \alpha_9 czh_{jt} + \alpha_{10} jrsh_{jt} \\
& + \alpha_{11} jrjj_{jt} + \gamma_j + \gamma_t + \varepsilon_{jt}
\end{aligned} \tag{5.5}$$

其中，j、t 分别表示地级以上城市、年份，greend 表示城市绿色发展水平，γ_j 和 γ_t 分别表示城市虚拟变量和年份虚拟变量，具体变量指标的解释及其预期如下。

（1）经济增长目标压力（jjzzyl5）及其二次项（sq_jjzzyl5）采用式（5.4）$jjzzyl = \dfrac{(g_Y - g_Y{}^*) - \min(g_Y - g_Y{}^*)}{\max(g_Y - g_Y{}^*) - \min(g_Y - g_Y{}^*)}$ 计算出来。由于最大的经济增长潜力（$g_Y{}^*$）是采用过去 N 年的实际经济增长率均值表示。当 N 为 5 时，构造的经济增长目标压力指数表示为 jjzzyl5，同理，为了进行稳健性检验，

分别取 N 为 3 和 7 两种取值来构造 jjzzyl3 和 jjzzyl7。依据前面的理论假设，这里判定 jjzzyl5 的系数（α_1）为正，二次项 sq_jjzzyl5 的系数（α_2）为负。

（2）地方政府竞争（dfzfjz），用预算内财政收入与 GDP 之比来反映。其值越高，一方面说明城市的产业发展水平比较高，财政收入能力较强，有利于城市绿色发展；另一方面说明企业税负较重，不利于企业投资和研发。因此，预测 dfzfjz 的系数（α_3）不显著。

（3）环境分权指标（hjfq）借鉴李光龙和周云蕾（2019），具体计算方法为：

$$hjfq_{jt} = \left[\frac{lepp_{jt}/pop_{jt}}{nepp_t/pop_t} \right] \times \left[1 - (gdp_{jt}/gdp_t) \right] \qquad (5.6)$$

其中，$nepp_t$ 为第 t 年全国的环保系统人员数；$lepp_{jt}$ 为第 t 年 j 城市的环保系统人员数，同理，pop_t、gdp_t 分别为第 t 年全国总人口和地区生产总值，pop_{jt} 和 gdp_{jt} 分别为第 t 年 j 城市的总人口和地区生产总值。地方政府增加环保人员只是从人力上保障了监督污染行为，但是否真正严格履行环保执法则又依赖于地方官员的激励对环保执法的干预，故判定 hjfq 的系数（α_4）不显著。

（4）环境规制（er）用工业固体废弃物综合利用率来反映。因环境规制通常可以降低环境污染，预判 er 的系数（α_5）为正。

（5）人均地区生产总值的对数（lnrjgdp）以工业品出厂价格指数进行平减。其值越高，一定程度上能反映经济水平较高，但有可能是通过消耗越高的资源及排放更多的污染物而换来的，因此预期 lnrjgdp 的系数（α_6）不显著。

（6）人力资本的对数（lnrlzb）借鉴梁婧等（2015）的做法，用城市每万劳动力拥有的普通高校在校生来衡量，其中的劳动力数量用第一、第二、第三产业从业的总人数衡量。人力资本反映的是技术进步，而技术进步有利于绿色发展，因此预测 lnrlzb 的系数（α_7）为正。

（7）产业集聚水平（cyjjsp）参照岳书敬等（2015）的做法，以非农就业人口占当年城市总就业人口之比来反映。产业集聚会带来生产规模的扩张及经济总量的增加，但往往也容易加重环境污染，故 cyjjsp 的系数（α_8）暂不能判定。

（8）城镇化（czh），以市辖区人口占全市人口的比重来衡量。中国的城镇化包含人口城镇化和土地城镇化，以人口流向城市的人口城镇化和城市郊区土地并入城市的土地城镇化，两种情况都能提高城镇化水平。人口城镇化属于市场行为有利于绿色发展水平提升，而土地城镇化属于行政行为，不一定有利于绿色发展水平提升。因此，czh 的系数（α_9）不能判定。

（9）金融深化（jrsh）借鉴刘耀彬等（2017）的做法，采用地区金融机构贷款余额占地区生产总值比重来反映。金融深化对绿色发展水平的作用机制，依赖于贷款是流向污染企业还是清洁企业，故 jrsh 的系数（α_{10}）难以判定。

（10）金融集聚（jrjj）借鉴袁华锡等（2019）的做法，先分别计算出某城市的金融业从业人数占该城市就业总人数之比（a）和全国金融业从业人数占全国就业总人数之比（b），再用 a 与 b 的比值（a/b）来衡量该城市的金融集聚水平。金融集聚代表着金融行业吸收了更多的从业人员，既有可能是代表了经济发展繁荣，也有可能挤占了实体经济的从业人员、提高实体经济的劳动力成本，不利于实体经济发展，因此，jrjj 的系数（α_{11}）暂不能判定。

5.2.2 数据说明

本章以 2003～2019 年 286 个地级及以上城市为研究对象，宏微观数据主要来自《中国城市统计年鉴》、EPS 数据库和中国工业企业数据库，政府经济增长目标的数据是从各市的政府工作报告、地方年鉴及公开网站等渠道获取的，环境质量指标的数据收集于各省、市环境状况公报，用线性插值法补充个别缺失数据。考虑到数据完整和可得，这里选取的 286 个城市（不包括中国港澳台地区）和缺失数据较严重的毕节市、巢湖市、海东市、三沙市、铜仁市、儋州市和自治州、盟等地区。

5.2.3 描述性统计

对所有的自变量进行 0.5% 的缩尾处理，以剔除异常值的影响（李卫兵

和张凯霞，2019）。主要变量的描述性统计特征见表5.1。绿色发展水平的均
值为0.6381，表明中国城市整体的绿色发展水平不高，处于刚及格的水平
（60分）。由于绿色发展水平值介于0和1之间，从表5.1可知，绿色发展水
平最大值（0.8804）与最小值（0.1106）相差较大（0.77），初步说明中国
的不同城市之间存在较大的绿色发展水平差距。经济增长目标压力的均值为
0.8991，表明中国城市整体的经济增长目标压力较大。除地方政府竞争、环
境规制在不同城市之间相差较小之外，其他指标在不同城市之间存在较大
差距。

表5.1　　　　　　　　　主要变量的描述性统计特征

变量名称	变量表示	N	均值	中位数	标准差	最大值	最小值
绿色发展水平	greend	4 862	0.6381	0.6859	0.1494	0.8804	0.1106
经济增长目标压力	jjzzyl5	4 862	0.8991	0.9009	0.0345	1.0000	0.0000
地方政府竞争	dfzfjz	4 852	0.0748	0.0642	0.0543	1.7050	0.0109
环境分权	hjfq	4 290	0.9699	0.8764	0.4205	3.4316	0.3033
环境规制	er	4 862	4.3221	4.3412	0.0920	4.5705	3.5766
人均地区生产总值	lnrjgdp	4 680	15.5047	15.4120	1.1268	19.7829	11.7418
人力资本	lnrlzb	4 732	6.8107	6.8481	0.8977	9.0524	2.1660
产业集聚水平	cyjjsp	4 850	−1.4662	−1.5254	0.8217	2.0324	−3.4278
城镇化	czh	4 860	0.3535	0.2873	0.2450	1.0000	0.0034
金融深化	jrsh	4 852	0.9688	0.7242	0.8169	16.7426	0.0755
金融集聚	jrjj	4 811	5.4997	5.2772	2.2954	20.8566	0.4528

注：结果保留4位小数。

Pearson 相关系数矩阵如表5.2所示，城市绿色发展水平（greend）与经
济增长目标压力（jjzzyl5）之间的相关系数为 −0.239，且满足1%的显著性
水平，表明经济增长目标压力与城市绿色发展之间显著负向相关。其他控制
变量方面，除环境分权与绿色发展水平之间的关系不显著及环境规制、金融
集聚与绿色发展水平之间显著负相关外，其他控制变量与绿色发展水平之间
显著正相关。以上为初步的相关性判断，仍需在后面纳入相关控制变量做进
一步严谨的实证检验。

表 5.2

Pearson 相关系数矩阵

	greend	jjzzyl5	dfzfjz	hjfq	er	lnrjgdp	lnrlzb	cyjjsp	czh	jrsh
jjzzyl5	-0.239***									
dfzfjz	0.307***	-0.108***								
hjfq	-0.011	0.025*	0.042***							
er	-0.151***	0.028*	-0.023	-0.225***						
lnrjgdp	0.522***	-0.178***	0.079***	-0.048***	-0.309***					
lnrlzb	0.282***	-0.077***	0.101***	-0.029*	-0.166***	0.357***				
cyjjsp	0.197***	-0.033***	0.098***	-0.032**	-0.342***	0.794***	0.300***			
czh	0.215***	0.002	0.117***	-0.023	-0.045***	0.231***	0.123***	0.206***		
jrsh	0.248***	-0.073***	0.725***	0.064***	-0.023	0.064***	0.199***	0.152***	0.202***	
jrjj	-0.290***	-0.090***	-0.154***	0.052***	-0.076***	-0.132***	0.103***	-0.082***	-0.070***	-0.061***

注：结果保留 3 位小数，*** 表示在 1% 的显著性水平上显著，** 表示在 5% 的显著性水平上显著，* 表示在 10% 的显著性水平上显著。

5.3　实证结果与分析

5.3.1　基础回归

采用 3 种回归方法（最小二乘法回归、固定效应回归及随机效应回归）得到的回归结果如表 5.3 所示。其中，表 5.3 中的第（1）列至第（3）列为未纳入控制变量的回归结果，第（4）列至第（6）列则为纳入了相关控制变量的回归结果，并且，表 5.3 考虑了城市固定效应和年份固定效应。对于回归结果的解释，以表 5.3 中的第（5）列纳入了控制变量的面板固定效应回归结果为基准。

表 5.3　　经济增长目标压力指数与城市绿色发展水平的基准回归结果

变量	（1）OLS 回归	（2）面板回归 固定效应回归	（3）随机 效应回归	（4）OLS 回归	（5）面板回归 固定效应回归	（6）随机 效应回归
jjzzyl5	0.316 ** (0.049)	0.316 ** (0.049)	0.316 ** (0.049)	0.220 ** (0.074)	0.220 ** (0.074)	0.220 ** (0.074)
sq_jjzzyl5	− 0.356 *** (0.002)	− 0.356 *** (0.002)	− 0.356 *** (0.002)	− 0.263 ** (0.023)	− 0.263 ** (0.023)	− 0.263 ** (0.023)
dfzfjz				0.038 (0.368)	0.038 (0.368)	0.038 (0.368)
hjfq				0.004 (0.362)	0.004 (0.362)	0.004 (0.362)
er				0.077 *** (0.004)	0.077 *** (0.004)	0.077 *** (0.004)
lnrjgdp				− 0.008 (0.209)	− 0.008 (0.209)	− 0.008 (0.209)
lnrlzb				0.018 *** (0.000)	0.018 *** (0.000)	0.018 *** (0.000)
cyjjsp				− 0.027 *** (0.002)	− 0.027 *** (0.002)	− 0.027 *** (0.002)

变量	(1) OLS回归	(2) 面板回归固定效应回归	(3) 随机效应回归	(4) OLS回归	(5) 面板回归固定效应回归	(6) 随机效应回归
czh				− 0.024 (0.118)	− 0.024 (0.118)	− 0.024 (0.118)
jrsh				− 0.006 ** (0.048)	− 0.006 ** (0.048)	− 0.006 ** (0.048)
jrjj				− 0.0006 (0.580)	− 0.0006 (0.580)	− 0.0006 (0.580)
城市固定效应	是	是	是	是	是	是
年份固定效应	是	是	是	是	是	是
N	4 862	4 862	4 862	4 165	4 165	4 165
R^2	0.769	0.555	0.769	0.772	0.426	0.772

注：*** 表示在1%的显著性水平上显著，** 表示在5%的显著性水平上显著，* 表示在10%的显著性水平上显著。括号内的值为对应 P 值。

从表5.3的回归结果可以看出：

（1）是否纳入控制变量和回归方法的选择对实证结果无影响。sq_jjzzyl5 的系数为负（− 0.263），jjzzyl5 的系数为正（0.220），且均满足5%的显著性水平，正好验证了前面关于经济增长压力指数及其二次项系数的判断，即经济增长目标压力与中国城市绿色发展水平呈倒"U"型曲线的关系，也就是说，当经济增长目标压力适中时，有利于城市绿色发展水平的提升；而当经济增长目标压力过大时，反而会负向影响城市绿色发展水平。

（2）环境分权和地方政府竞争的系数为正，但不显著，符合预期，表明地方政府竞争和环境分权对中国城市绿色发展水平影响不显著。环境规制的系数为正（0.077），且满足1%的显著性水平，也与前面的预期分析基本一致，这足以说明提升环境规制强度确实可以促进城市绿色发展。环境规制强度每上升1个百分点，绿色发展水平上升0.077个百分点。人均地方生产总值的系数不显著，表明人均地方生产总值对中国城市绿色发展水平影响不显著。再看人力资本的回归系数，为 0.018，且满足 1% 的显著性水平，表明人力资本促进了城市绿色发展。人力资本的对数每上升 1 个百分点，城市绿色发展水平上升 0.018 个百分点。产业集聚水平的系数为 - 0.027，且满足 1% 的显著性水平，表明中国城市产业集聚更多的是低端污染产业的集聚，阻碍了城市绿色发展。城镇化的回归系数不显著，表明城镇化对中国城市绿色发展水平影响不显著。金融深化的回归系数在 5% 的水平下显著为负（ - 0.006），表明金融深化对中国城市绿色发展水平有微弱的负向作用。金融集聚的回归系数为负，但不显著，表明金融集聚对中国城市绿色发展水平影响不显著。

5.3.2　稳健性讨论

为了保证回归结果的稳健性，本书分别以 jjzzyl3 和 jjzzyl7 替换 jjzzyl5 与城市绿色发展水平进行稳健性检验回归。无论是否纳入控制变量，采用何种方法回归，结果几乎一致，因此这里仅列示考虑了相关控制变量以及采用面板固定效应回归的核心解释变量（经济增长目标压力指数及其二次项）的系数及显著性结果，具体见表 5.4。

表 5.4　　经济增长目标压力指数与城市绿色发展水平的稳健性检验

变量	(1) 固定效应回归	(2) 固定效应回归	(3) 固定效应回归
jjzzyl5	0.220 ** (0.074)		
sq_jjzzyl5	- 0.262 ** (0.023)		
jjzzyl3		0.196 ** (0.039)	
sq_jjzzyl3		- 0.234 ** (0.048)	
jjzzyl7			0.166 ** (0.092)

变量	（1）固定效应回归	（2）固定效应回归	（3）固定效应回归
sq_jjzzyl7			−0.213* (0.052)
控制变量	是	是	是
城市固定效应	是	是	是
年份固定效应	是	是	是
N	4 165	4 165	4 165
R^2	0.426	0.428	0.427

注：*** 表示在1%的显著性水平上显著，** 表示在5%的显著性水平上显著，* 表示在10%的显著性水平上显著。括号内的值为对应P值。

表5.4中的（1）、（2）、（3）列分别是jjzzyl5、jjzzyl3和jjzzyl7与城市绿色发展水平回归的系数及显著性。表5.4中的（2）、（3）列结果显示：sq_jjzzyl3和sq_jjzzyl7的系数分别为−0.234、−0.213，且分别在5%水平和10%水平上显著为负，说明sq_jjzzyl3、sq_jjzzyl7与jjzzyl5的回归结果类似，一致地验证了经济增长目标压力指数与城市绿色发展水平呈倒"U"型关系的结论。说明不同的最大经济增长潜力计算方法对回归结果无影响。同时，依据经济增长目标压力指数为[0，1]，还可判断倒"U"型曲线出现在第一象限，适中的经济增长目标压力有利于绿色发展，随着经济增长目标压力的再增大，则不利于中国城市绿色发展。

根据以上稳健性检验，可以进一步论证：中国城市设立的过高经济增长目标形成的过高的经济增长目标压力会降低城市绿色发展水平，唯有设置适度的经济增长目标才能促进城市绿色发展。

5.4　作用机制分析

第3章的动态一般均衡理论均衡解表明，欲实现人与自然和谐共生的绿色发展，环境资源存量的增长率必须大于经济增长率，即经济增长率和消费增长率必须小于环境整体具有的生长能力和净化能力。城市若设定经济增长目标过高，超过环境资源存量的增长率超过潜在经济增长率就会形成过高的经济增长目标压力。在技术进步及人力资本短时间内无法提高的情况下，地方政府只能依靠大量投入劳动力、物质资本和环境资源等要素，从而产生经济增长效应（包括经济量和经济质），但同时也带来环境污染效应，这两种效应共同作用于绿色发展水平。前面的理论和事实表明，中国经济的高速增长率超过了环境资源存量的增长率，环境资源存量逐步恶化，经济高速增长对绿色发展的正效应逐步弱化，而因高速经济增长带来的环境污染对绿色发展的负效应逐渐凸显，两种效应共同作用于绿色发展。因此，本章把经济增长目标压力作用于城市绿色发展的机制，区分为经济增长效应和环境污染效应。

5.4.1 经济增长效应

经济增长效应体现为经济的投入和产出方面，具体以地方财政支出、工业用地面积、实际利用外资、就业人数、国有工业产值占总产值比重、人均地区生产总值和工业增加值占 GDP 比重等指标来衡量，核心自变量为经济增长目标压力指数及其二次项，并纳入相关的控制变量，回归结果见表 5.5 中的第（1）列至第（8）列。

表 5.5　　　　　　　　　经济增长效应的回归结果

变量	（1）地方财政支出	（2）工业用地面积	（3）国有工业产值占总产值比重	（4）实际利用外资
经济增长目标压力（jjzzyl5）	$-1.421e+07$ ** （0.012）	-87.483 （0.438）	-41.447 ** （0.015）	$-215\,758.200$ （0.351）
经济增长目标压力的二次项（sq_jjzzyl5）	$1.590e+07$ *** （0.000）	142.129 * （0.078）	22.104 ** （0.019）	$291\,108.500$ * （0.069）
控制变量	是	是	是	是
城市固定效应	是	是	是	是
年份固定效应	是	是	是	是

续表

变量	（1）地方财政支出	（2）工业用地面积	（3）国有工业产值占总产值比重	（4）实际利用外资
N	4 165	4 089	2 745	3 973
R^2	0.4559	0.5713	0.5434	0.4657

变量	（5）资本存量	（6）就业	（7）人均地区生产总值	（8）工业增加值占 GDP 比重
经济增长目标压力（jjzzyl5）	− 1.490e + 08 *** (0.006)	− 114.7556 ** (0.023)	125 699.801 *** (0.000)	28.509 *** (0.003)
经济增长目标压力的二次项（sq_jjzzyl5）	1.630e + 08 *** (0.000)	119.405 *** (0.001)	− 137 705.702 *** (0.000)	− 34.244 *** (0.000)
控制变量	是	是	是	是
城市固定效应	是	是	是	是
年份固定效应	是	是	是	是
N	4 165	4 165	4 165	4 165
R^2	0.6418	0.6426	0.5220	0.0898

注：*** 表示在 1% 的显著性水平上显著，** 表示在 5% 的显著性水平上显著，* 表示在 10% 的显著性水平上显著。括号内的值为对应 P 值。

第（1）列的地方财政支出的回归结果显示：一次项（jjzzyl5）及二次项（sq_jjzzyl5）的系数均显著，其中，经济增长目标压力指数的二次项系数（sq_jjzzyl5）显著为正，说明两者之间存在"U"型关系。即经济增长目标设定过高会扩大地方财政支出。

第（2）列的工业用地面积的回归结果显示：二次项（sq_jjzzyl5）的系数为正且在 10% 水平上显著，意味着经济增长目标压力与工业用地面积之间存在"U"型关系。也就是说，经济增长目标压力过大会导致工业用地增加。

第（3）列国有工业产值占总产值比重的回归结果：二次项（sq_jjzzyl5）的系数显著为正，表明适度的经济增长目标压力有利于降低国有工业产值占比。若经济增长目标压力过大，则国有工业产值占比增加，而国有企业生产经营效率低于私企，因此不利于市场经济。经济增长目标压力与国有工业产值占比之间存在"U"型关系。

第（4）列的实际利用外资的回归结果显示：二次项（sq_jjzzyl5）的系数亦显著为正，即降低经济增长目标压力，实际利用外资力度下降，而过高的经济增长目标压力则会增加实际利用外资。经济增长目标压力和实际利用外资是"U"型关系。根据现有研究结论，外商直接投资大多是把中国作为污染避难所，因此实际利用外资增加，很大概率意味着污染的增加，不利于绿色发展，即过高的经济增长目标压力使得地方政府加大招外商引外资力度，从而不利于绿色发展。

第（5）列的资本存量的回归结果显示：二次项（sq_jjzzyl5）的系数显著为正，表明适度的经济增长目标压力会减少资本存量，而过高的经济增长目标压力则会增加资本存量，经济增长目标压力与资本存量之间存在"U"型关系。

第（6）列的就业的回归结果显示：二次项（sq_jjzzyl5）的系数显著为正，表明适度的经济增长目标压力会减少就业，而过高的经济增长目标压力则会增加就业，经济增长目标压力与就业之间存在"U"型关系。

第（7）列的人均地区生产总值的回归结果显示：二次项·（sq_jjzzyl5）的系数显著为负，表明适度的经济增长目标压力有利于增加人均地区生产总值，而过高的经济增长目标压力则会减少人均地区生产总值，即两者之间是倒"U"型关系。

第（8）列的工业增加值占 GDP 比重的回归结果显示：二次项（sq_jjzzyl5）的系数显著为负，表明适度的经济增长目标压力会增加工业增加值占 GDP 比重，而过高的经济增长目标压力则会降低工业增加值占 GDP 比重，经济增长目标压力与工业增加值占 GDP 比重之间存在倒"U"型关系。

因此，过高的经济增长目标压力，会增加地方财政支出、工业用地和实际利用外资，同时还会增加资本及劳动力等要素的投入，却不利于人均地区生产总值的增加和工业增加值占 GDP 比重等经济结构的优化。由此看来，过高的经济增长目标压力尽管会使经济量增加，但从长远来看却不利于提升经济质量，从而不利于城市绿色发展水平的提升。为进一步验证这一作用机制，这里把经济增长质量作为因变量，经济增长目标压力指数及其二次项作为自变量，纳入控制变量进行回归，结果见表5.6。其中，经济增长质量的数据来源于前文测度城市绿色发展水平中的经济增长质量得分，即基于人均GDP增长率、工业增加值占GDP比重、第三产业增加值占GDP比重、污染产业产值占工业总产值比重、居民人均可支配收入5个指标，用纵横向拉开档次评价法测算出来的。

表5.6 经济增长目标压力指数与经济增长质量的回归结果

变量	经济增长质量
经济增长目标压力（jjzzyl5）	0.1527 ** （0.016）
经济增长目标压力的二次项（sq_jjzzyl5）	− 0.2243 *** （0.000）
控制变量	是
城市固定效应	是
年份固定效应	是
N	4 165
R^2	0.6821

注：*** 表示在1%的显著性水平上显著，** 表示在5%的显著性水平上显著，* 表示在10%的显著性水平上显著。括号内的值为对应P值。

从表5.6的回归结果可以看出：经济增长目标压力指数的二次项（sq_jjzzyl5）的系数在1%水平上显著为负，表明经济增长目标压力指数与经济增长质量呈倒"U"型关系，过高的经济增长目标压力会抑制经济增长质量的提升，不利于城市绿色发展水平的提高。

5.4.2 环境污染效应

环境污染效应分别以污染排放强度和环境治理来衡量，核心自变量为经济增长目标压力指数及其二次项，并纳入相关控制变量，回归结果见表5.7。其中，污染排放强度反映环境污染排放情况，基于单位GDP废水排放量、单位GDP二氧化硫排放量、单位GDP烟尘排放量3个指标，采用纵横向拉开档次评价法测度。环境治理反映环境污染处理力度基于生活污水处理率、生活垃圾无害化处理率和工业固体废物综合利用率 3 个指标，采用纵横向拉开档次评价法测度。

表 5.7　　　　　　　　　　　环境污染效应的回归结果

变量	污染排放强度	环境治理
经济增长目标压力（jjzzyl5）	0.0985 * （0.090）	1.0126 *** （0.005）
经济增长目标压力的二次项（sq_jjzzyl5）	0.1028 *** （0.005）	− 0.7056 *** （0.006）
控制变量	是	是
城市固定效应	是	是
年份固定效应	是	是
N	4 165	4 165
R^2	0.1088	0.0257

注：*** 表示在1%的显著性水平上显著，** 表示在5%的显著性水平上显著，* 表示在10%的显著性水平上显著。括号内的值为对应 P 值。

（1）表 5.7 中污染排放强度与经济增长目标压力指数的回归结果显示：经济增长目标压力指数的二次项（sq_jjzzyl5）的系数在1%水平上显著为正，表明经济增长目标压力指数与污染排放强度之间存在"U"型关系，即说明过高的经济增长目标压力会带来污染排放的增加，不利于城市绿色发展。

（2）表 5.7 中环境治理与经济增长目标压力指数的回归结果显示：经济增长目标压力指数的二次项（sq_jjzzyl5）的系数在1%水平上显著为负，一次项系数在1%水平上显著为正，表明两者之间是倒"U"型关系，也就是说，过高的经济增长目标压力不利于环境治理水平提高，即过高的经济增长目标会使地方政府削弱环境治理力度，从而导致排放出的污染更多，同样不利于城市绿色发展。

根据以上分析得出的结论，可以得出如图 5.1 所示的经济增长目标压力作用于城市绿色发展水平的机制。

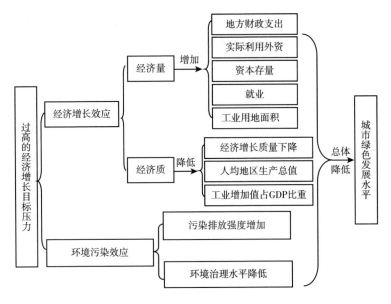

图5.1 过高的经济增长目标压力对城市绿色发展水平的作用机制

5.5 本章小结

本章基于中国 286 个地级及以上城市 2003～2019 年政府工作报告中的设定的经济增长目标数据，测算经济增长目标压力指数，然后实证检验经济增长目标压力对中国城市绿色发展水平的影响，结果显示：①经济增长目标压力与中国城市绿色发展水平呈倒"U"型曲线的关系，也就是说，当经济增长目标压力适中时，有利于城市绿色发展水平的提升，而当经济增长目标压力过大时，反而会负向影响城市绿色发展水平。②从经济增长效应和环境污染效应两方面研究经济增长目标压力对城市绿色发展水平作用的机制。在经济增长效应方面，过大的经济增长目标压力使地方政府通过扩大财政支出、加大招商引资等手段来达到经济量增加的目的，却带来了经济质量的下降，长期看来不利于绿色发展。环境污染效应方面，过高的经济增长目标压力会带来污染排放强度的增加和环境治理的下降，从而降低了城市绿色发展水平。综上表明，选择适度的经济增长目标是当前阶段推进城市绿色发展的重要手段。

基于以上研究结论，得出以下几点启示。

（1）选择适度的经济增长目标压力是当前阶段推进城市绿色发展的重要路径。习近平总书记多次强调提高质量和效益的重要性，要建设美丽中国，必须把推动发展的着力点转到提高质量和效益上来。本章的研究结论佐证了习近平总书记关于经济增长速度的主张。

（2）设定适度的经济增长目标可以使得地方财政支出下降，降低地方政府债务，平衡地方政府财政收支，提高人均地区生产总值和工业增加值，实现经济提质增效和高质量发展，提升城市绿色发展水平。

（3）选择适度的经济增长目标有利于实现污染产业技术升级或退出，进而降低"三高一低"的生产发展对环境资源存量的损耗，减少污染排放，进一步提升环境治理水平，促进环境质量改善和提升，实现城市绿色发展。

第 6 章

国家高新技术产业开发区对城市
绿色发展的驱动效应

　　第 3 章中国城市经济增长和环境污染的实证结果表明，中国城市经济增长主要靠劳动力和物质资本传统要素拉动，经济总量每增长 1%，生产污染增加 0.743% 以上，表明粗放式的经济高速增长，损耗了大量的环境资源并带来了巨大的生产污染。第 5 章的研究考察了经济增长目标压力对城市绿色发展的影响，发现过高的经济增长目标压力使地方政府更易倾向于选择粗放式的发展模式，加大物质资本、劳动力与环境资源等传统要素投入，因此过高的经济增长目标压力只会带来经济数量的增加，并未提升经济质量，反而带来污染排放强度的增加和环境质量的下降，抑制了城市绿色发展。因此仅追求高速经济增长目标的实现并不是城市绿色发展和高质量发展的内在要求，但经济不增长也不是城市绿色发展的目标。相反，城市绿色发展要求城市经济高端化、绿色化和集约化发展，即坚持发展高技术产业是城市实现绿色发展和高质量发展的关键。而国家高新技术产业开发区正是如今城市发展高新技术产业的有效载体，因此考察国家高新技术产业开发区（以下简称国家高新区）的设立能否驱动城市绿色发展，就显得十分必要。

　　产业转型升级是实现经济提质增效，落实高质量发展和绿色发展的关键。国家高新区承载着产业绿色发展和技术革新的使命，是新时代中国推动传统产业改造和高新技术产业发展、提升科技创新水平、促进产业结构合理化和高级化、落实创新驱动发展战略和增强国际竞争力、实现高质量发展和绿色发展的重要制度安排（吕政和张克俊，2006）。国家高新区是绿色发展和高质量发展的先行示范区，是绿色发展的表率。自 1988 年北京中关村科技园作为首个国家高新区建立以来，截至 2020 年中国已有 168 + 1 个国家高新区[①]先后批准设立，分布在全国近 150 个城市。自批准设立以来，一批国家高新区在创新绿色发展政策、完善环境管理体系认证、构建现代环境治理体系等方面作出了积极贡献，为所在城市的生态环境质量改善起到先行表率作用。相比非高新区，国家高新区能耗低、环境美、生态优。据统计，2019 年国家高新区工业企业万元增加值能耗低于国家生态工业示范园区标准相关指标值和全国平均水平；136 家国家高新区全年 PM2.5 浓度低于 $50\mu g/m^3$ 的天数超过 200天；86 家国家高新区森林覆盖率超过 25% [②]。国家高新区设立的目的在于推动高新技术产业发展，提升技术创新能力，优化产业结构。而技术创新和产业升级均有利于提升绿色发展水平，因此，设立国家高新区既是国家推动高新技术产业发展的重要战略，同时也是驱动绿色发展的有效政策之一。基于此，本书评估国家高新区对城市绿色发展的驱动效应，并实证检验其驱动机制，不仅能丰富城市绿色发展驱动机制实证研究，为推进绿色发展提供理论依据及实践支撑，同时也为国家继续推行高新技术产业示范区提供强有力的佐证。

国家高新区的设立属于政府管理政策之一，现有文献关于国家高新区政策效应的研究主要集中在以下几个方面。

一是国家高新区对技术创新的影响，有促进和抑制两种不同结论。抑制结论方面，吴一平和李鲁（2017）发现开发区的优惠政策抑制了企业创新能力。大部分学者的研究发现国家高新区促进了技术创新。程郁和陈雪（2013）的研究表明，设立国家高新区可显著提高全要素生产率的增长率。谭静和张建华（2018）的研究表明，设立国家高新区主要是通过促进技术进步来提升城

---

① 168 + 1 个国家高新区是指除了正式的 168 个国家高新区外，苏州工业园也享受国家高新区同等政策，视为国家高新区。

② 科技部．国家高新区绿色发展专项行动实施方案［R］．2021．

市的全要素生产率。李政和杨思莹（2019）的研究发现，国家高新区建设通过带动城市投资集聚显著提升了城市创新水平。王巧等（2020）的研究发现，国家高新区显著提高了城市绿色创新效率。

二是国家高新区对产业结构升级的推动作用。如袁航和朱承亮（2018）的研究发现国家高新区并未明显推动中国产业结构转型升级。张林和高安刚（2019）认为，设立国家高新区促进了城市群向创新多中心空间结构模式演进。王鹏等（2019）的研究发现，设立国家高新区有利于推动所属城市的产业结构高级化和合理化。

三是国家高新区对经济增长的积极推动作用。如刘瑞明和赵仁杰（2015）的研究发现，国家高新区的建设显著地促进了地区 GDP 和人均 GDP 的增长。曹清峰（2020）的研究发现，国家高新区持续带动了区域经济增长并促进了区域协调发展。

综上所述，虽然已有部分文献研究了国家高新区的政策作用，但多集中在高新区对经济增长、产业结构升级、创新效率、全要素生产率等方面的影响，较少文献研究其对城市绿色发展的影响。仅纪祥裕和顾乃华（2019）的研究发现国家高新区有效降低了资源型城市的环境污染。而城市绿色发展是包含经济增长、产业发展、生态环境、社会发展等多方面因素的一种新型模式。因此本书研究国家高新区对城市绿色发展的驱动效应，旨在对这一领域的研究进行弥补。

基于此，本书的边际贡献可归纳为：（1）研究视角上，选择设立国家高新区这一政策视角来分析其对中国城市绿色发展的理论作用和实证影响。（2）实证方法和数据上，删除 2009 年之前设立国家高新区的城市样本，保留 2009 年之后新设立国家高新区的城市样本为实验组，一直未设立国家高新区的城市样本为控制组，构建基于实验组与控制组对比分析的多期双重差分法，以满足差分法的平行趋势的前提要求，实证检验评估国家高新区的设立对城市绿色发展的驱动效应。（3）研究意义上，研究国家高新区的设立对城市绿色发展的驱动，能进一步论证国家高新区政策的优越性，同时还对中国如何通过国家高新区来推进绿色发展具有重要的启示意义。

本章主要包括以下 5 方面内容：一是从绿色生产、绿色生态和绿色生活三个方面理论分析国家高新区的设立对城市绿色发展的作用机制；二是设定计量模型，用变量及数据进行说明；三是实证结果呈现与分析，并进行稳健性检验；四是进一步实证检验分析国家高新区的设立对城市绿色发展水平的作用机制和异质性效应；五是本章小结。

6.1　国家高新区的设立对城市绿色发展的作用机制

依据动态一般均衡理论框架，国家高新区的设立对城市绿色发展水平的作用，也可从绿色生产、绿色生态和绿色生活 3 个方面来进行理论分析。

6.1.1　绿色生产

国家高新区对绿色生产的作用机制同样可以反映为国家高新区对生产技术水平、污染排放强度和资源利用强度的影响，且均有文献一一做过论证。

第一，国家高新区促进了城市创新（李政和杨思莹，2019；王巧等，2020）和产业结构升级（袁航和朱承亮，2018；王鹏等，2019），由此表明，国家高新区促进了城市对高级技术人才的需求，有利于内生的一般性生产力技术水平增长率和人力资本量增长率的上升，提高了城市总体的生产技术水平，提高了生产效率，从而引导企业进行绿色生产。

第二，国家高新区对污染产业排放强度的影响方面，已有纪祥裕和顾乃华（2019）的研究发现，国家高新区通过提升技术创新能力与生产性服务业集聚程度，减少了资源型城市的污染排放总量与人均污染排放量，进而有效降低了资源型城市的环境污染。对于普通城市来说，国家高新区对污染产业排放强度的影响，依赖于国家高新区引发的高新技术产业投资与污染产业投资之间的关系。而国家高新区促进了高新技术产业投资，形成了对污染产业投资的替代效应，因此预测国家高新区会降低污染产业排放强度。

第三，国家高新区对环境资源要素利用强度的影响方面，通过提升绿色创新效率（王巧等，2020），提高了城市的资源利用强度。国家高新区带来科技人才集聚，有利于区域内部实现新技术和新知识外溢，有利于促进区域专业化分工，有利于提高生产要素配置效率以及资源共享效率（徐军海和黄永春，2021），从而提升资源利用效率。

据此提出假设一：国家高新区能提升区域经济增长质量，降低污染排放强度，提高资源利用效率，从而引导区域绿色生产。

6.1.2　绿色生态

国家高新区对绿色生态的影响主要体现在通过技术创新和科技人才聚集，提升城市环境治理水平和生态保护水平，最终提升绿色生态指数，驱动绿色发展。

第一，国家高新区通过提升技术创新推动区域环境治理，助力区域绿色生态。一方面，国家高新区是重点发展高新技术产业的工业园区，是知识密集型和技术密集型产业的聚集地，国家高新区的知识密集型企业和技术密集型企业的污染处理技术和管理技术水平相对一般企业来说更高，有利于提高区域整体环境治理能力，从而驱动城市绿色发展。另一方面，国家高新区的生产技术和管理技术创新及共享还能创新产出，带来更多的低污染排放、高生产效率的产品线，减轻环境治理难度，实现低碳绿色发展。

第二，国家高新区通过促进科技人才集聚和科技创新，助力深入打好污染防治攻坚战，加强区域生态环境保护，驱动城市绿色发展。一方面，国家高新区的设立，使得高级科技人才聚集，而高级科技人才普遍接受过高等教育，具备较高的文化素养和较强的生态保护意识，对当地的生态环境保护的相关政策制度的落实十分有利。另一方面，高新区科技人才聚集，带来更多的科学技术创新和产品创新，助力当地的生态培育，推动区域绿色发展。国家高新区的设立，能激发科技创新活力，带来技术创新和技术外溢（王巧等，2020），为区域生态环境保护保驾护航。

综上所述，提出假设二：国家高新区能提升区域环境治理水平，提高区域生态保护水平，从而使区域绿色生态指数总体得到提升。

6.1.3　绿色生活

国家高新区带来的高级科技人才集聚，在促进科技创新的同时也能提高当地居民的文化素养，使得当地居民更易接受环保观念，进行绿色低碳消费，更易形成绿色生活习惯。绿色生活方面，一方面，国家高新区人才荟萃，他们本身的绿色环保意识较强，从而形成绿色行为习惯，同时他们对工作及居住环境有着较高需求，迫使当地政府往往为吸引人才而在附近配套建设公园绿地等，从而改善城市的居住环境。另一方面，国家高新区的设立和发展给当地居民带来就业和收入的增加，使当地居民的绿色环保意识和环境需求都得到提升，从而改善绿色生活水平。

因此，提出假设三：国家高新区促进了城市居民绿色消费生活习惯的养成，改善了城市绿色居住环境，从而提升了城市绿色生活水平。

6.2　模型设定与变量说明

6.2.1　模型设定

基于多期双重差分法（DID），本章对国家高新区作用于城市绿色发展的效果及机制展开研究。《中国火炬统计年鉴》公布的国家高新区名单显示，截至 2020 年，中国已经先后批准设立了 168 + 1 个国家高新区①，分布在全国近 150 个城市，这为采用双重差分法提供了一个良好的"准自然实验"环境。本章删除 2009 年之前设立了国家高新区的城市，以 2009 年后设立了国

---

① 苏州工业园享受国家高新区同等政策，视为国家高新区。具体的国家高新区名单见附表 3。

家高新区的城市为实验组，以 1988 年到 2019 年一直未设立国家高新区的城市为对照组，最终所选择的研究样本为 231 个地级市，具体处理细节如下。

（1）不同的国家高新区可能同属于一个城市，但设立时间不同，对于这类数据的处理，采用以初次设立国家高新区的时间为准。

（2）将燕郊、长春净月、昆山、江阴、武进、萧山临江、莫干山、源城、黄河三角洲分别视为廊坊市、长春市、苏州市、无锡市、常州市、杭州市、湖州市、河源市、东营市处理。截至 2019 年末，231 个城市中有 113 个城市是设立了国家高新区的。因此，将设立了国家高新区的这 113 个城市作为"实验组"，将剩下的 118 个未设立国家高新区的城市作为"对照组"。

（3）本章的核心变量为是否设立国家高新区所构成的虚拟变量。针对该虚拟变量，进行如下设置：如果国家高新区是在某年的 1 月至 6 月设立的，就把当年作为该城市设立国家高新区的起始年份；而如果国家高新区是在某年的 7 月至 12 月设立的，则把下一年度作为起始年份。因为各个城市设立国家高新区的起始年份在多个不同年份，所以本章必须采用多期双重差分方法。根据刘瑞明和赵仁杰（2015）、陈钊和熊瑞祥（2015）设置国家高新区的虚拟变量 gjgxq，即如果 j 城市在 t 年份设立或者已经设立国家高新区，则 gjgxq 的值为 1，其他情形为 0。

采用双向固定效应模型检验国家高新区的设立对城市绿色发展水平的净效应，设定如下模型。

$$
\begin{aligned}
\text{greend}_{jt} = {} & \alpha_0 + \alpha_1 \text{gjgxq}_{jt} + \alpha_2 \text{jjzzyl5}_{jt} + \alpha_3 \text{sq\_jjzzyl5}_{jt} + \alpha_4 \text{dfzfjz}_{jt} + \alpha_5 \text{hjfq}_{jt} + \alpha_6 \text{er}_{jt} \\
& + \alpha_7 \text{lnrjgdp}_{jt} + \alpha_8 \text{lnrlzb} + \alpha_9 \text{cyjjsp}_{jt} + \alpha_{10} \text{czh}_{jt} + \alpha_{11} \text{jrsh}_{jt} + \alpha_{12} \text{jrjj}_{jt} \\
& + \gamma_j + \gamma_t + \varepsilon_{jt}
\end{aligned}
\tag{6.1}
$$

其中，j、t 分别表示地级以上城市、年份，greend 表示城市绿色发展水平，γ_j 和 γ_t 分别表示城市虚拟变量和年份虚拟变量。该模型考察的样本量（231 个城市）与第 5 章的样本量（286 个城市）不一样。国家高新区的设立（gjgxq）是本章的核心解释变量，依据前面的理论分析，总体上可以判定国家高新区的设立（gjgxq）的系数（α_1）为正，即国家高新区的设立能提升城市的绿色发展水平。jjzzyl5、sq_jjzzyl5、dfzfjz、hjfq、er、lnrjgdp、lnrlzb、cyjjsp、czh、jrsh、jrjj 分别为经济增长目标压力指数、经济增长目标压力指数的二次项、地方政府竞争、环境分权、环境规制、人均 GDP 的对数、人力资本的对数、产业集聚水平、城镇化、金融深化、金融集聚，这些控制变量指标的衡量方法及其预期如下。

（1）经济增长目标压力（jjzzyl5）及其二次项（sq_jjzzyl5），采用第 5 章的式（5.4）$jjzzyl = \dfrac{(g_Y - g_Y{}^*) - \min(g_Y - g_Y{}^*)}{\max(g_Y - g_Y{}^*) - \min(g_Y - g_Y{}^*)}$ 计算出来。依据第 5 章的结论，这里判定二次项 sq_jjzzyl5 的系数（α_3）为负，jjzzyl5 的系数不确定。

（2）地方政府竞争（dfzfjz）用预算内财政收入与 GDP 之比来反映。其值越高，一方面，说明城市的产业发展水平比较高，财政收入能力较强，有利于城市绿色发展；另一方面，说明企业税负较重，不利于企业投资和研发。因此，预测 dfzfjz 的系数（α_4）不显著。

（3）环境分权指标（hjfq）借鉴李光龙和周云蕾（2019），具体计算方法为：

$$hjfq_{jt} = \left[\frac{lepp_{jt}/pop_{jt}}{nepp_t/pop_t} \right] \times \left[1 - (gdp_{jt}/gdp_t) \right] \tag{6.2}$$

其中，$nepp_t$ 为第 t 年全国的环保系统人员数，$lepp_{jt}$ 为第 t 年 j 城市的环保系统人员数。同理，pop_t、gdp_t 分别为第 t 年全国总人口和地区生产总值，pop_{jt} 和 gdp_{jt} 分别为第 t 年 j 城市的总人口和地区生产总值。地方政府增加环保人员只是从人力上保障了监督污染行为，但是否真正严格履行环保执法则又依赖于地方官员的激励对环保执法的干预，故判定 hjfq 的系数（α_5）不显著。

（4）环境规制（er）用工业固体废弃物综合利用率来反映。因环境规制通常可以降低环境污染，预判 er 的系数（α_6）为正。

（5）人均地区生产总值的对数（lnrjgdp）以工业品出厂价格指数进行平减。其值越高，一定程度上能反映经济水平较高，但有可能是通过消耗越高的资源及排放更多的污染物而换来的，因此预期 lnrjgdp 的系数（α_7）不显著。

（6）人力资本的对数（lnrlzb），借鉴梁婧等（2015）的做法，用城市每万劳动力拥有的普通高校在校生来衡量，其中的劳动力数量用第一、第二、第三产业从业的总人数衡量。人力资本反映的是技术进步，而技术进步有利于绿色发展，因此预测 lnrlzb 的系数（α_8）为正。

（7）产业集聚水平（cyjjsp）参照岳书敬等（2015）的做法，以非农就业人口占当年城市总就业人口之比来反映。产业集聚会带来生产规模的扩张及经济总量的增加，但往往也容易加重环境污染，故 cyjjsp 的系数（α_9）暂不能判定。

（8）城镇化（czh），以市辖区人口占全市人口的比重来衡量。中国的城镇化包含人口城镇化和土地城镇化，以人口流向城市的人口城镇化和城市郊区土地并入城市的土地城镇化，两种情况都能提高城镇化水平。人口城镇化属于市场行为有利于绿色发展水平提升，而土地城镇化属于行政行为不一定有利于绿色发展水平提升，因此，czh 的系数（α_{10}）不能判定。

（9）金融深化（jrsh）借鉴刘耀彬等（2017）的做法，采用地区金融机构贷款余额占地区生产总值比重来反映。金融深化对绿色发展水平的作用机制依赖于贷款是流向污染企业还是清洁企业，故 jrsh 的系数（α_{11}）难以判定。

（10）金融集聚（jrjj）借鉴袁华锡等（2019）的做法，先分别计算出某城市的金融业从业人数占该城市就业总人数之比（a）和全国金融业从业人数占全国就业总人数之比（b），再用a与b的比值（a/b）来衡量该城市的金融集聚水平。金融集聚代表着金融行业吸收了更多的从业人员，既有可能是代表了经济发展繁荣，也有可能挤占了实体经济的从业人员、提高实体经济的劳动力成本，不利于实体经济发展，因此，jrjj 的系数（α_{12}）暂不能判定。

6.2.2 数据和描述性统计

本章以 2003～2019 年 231 个地级及以上城市为研究对象。国家高新区的名单及批准设定时间等数据是从 2020 年国家发展改革委、科技部和自然资源部等六部门联合发布的《中国开发区审核公告目录》（2020 年版）获取的，并以附录形式呈现在文后。经济增长目标数据是从各市的政府工作报告、地方年鉴及公开网站收集整理的，其他数据是从 EPS 数据平台和《中国城市统计年鉴》收集整理的。本章样本时间跨度为 2003～2019 年，为了满足双重差分法的平行趋势，本章剔除了 2009 年以前设立了国家高新区的城市样本。

　　对所有的自变量进行 0.5% 的缩尾处理，以剔除异常值的影响（李卫兵和张凯霞，2019）。主要变量的描述性统计特征见表 6-1。由于绿色发展水平值介于 0 和 1 之间，从表 6.1 可以发现，231 个样本城市的绿色发展水平指数的最大值（0.8587）与最小值（0.1106）相差较大（0.75），初步说明不同城市之间存在较大的绿色发展水平差距。经济增长目标压力的均值为 0.8992，表明中国城市整体的经济增长目标压力较大。除地方政府竞争、环境规制在不同城市之间相差较小之外，其他指标在不同城市之间存在较大差距。

表 6.1　　　　　　　　　　　变量描述性统计特征

变量名称	变量表示	N	mean	p50	sd	max	min
绿色发展水平	greend	3 927	0.6227	0.6719	0.1530	0.8587	0.1106
国家高新区的设立	gjgxq	3 927	0.1480	0.0000	0.3551	1.0000	0.0000
经济增长目标压力	jjzzyl5	3 927	0.8992	0.9018	0.0567	1.0000	0.0000
经济增长目标压力的二次项	sq_jjzzyl5	3 927	0.8099	0.8132	0.5669	1.0000	0.0000
地方政府竞争	dfzfjz	3 917	0.0723	0.0611	0.0574	1.7050	0.0109
环境分权	hjfq	3 465	0.9765	0.8829	0.4277	3.4316	0.3238
环境规制	er	3 927	4.3285	4.3486	0.0926	4.5705	3.5766
人均国内生产总值	lnrjgdp	3 925	15.2054	15.1769	0.9310	18.2775	11.7418
人力资本	lnrlzb	3 808	6.6292	6.6887	0.8299	8.8317	2.1660
产业集聚水平	cyjjsp	3 915	-1.7197	-1.6885	0.6157	0.5261	-3.4278
城镇化	czh	3 925	0.3028	0.2575	0.2036	1.0686	0.0034
金融深化	jrsh	3 917	0.8810	0.6854	0.8067	16.7426	0.0755
金融集聚	jrjj	3 888	5.5502	5.3078	2.3834	20.8566	0.4528

　　注：结果保留 4 位小数。

　　从表 6.2 中的主要变量的 Pearson 相关系数可以看出，城市绿色发展水平与国家高新区的设立之间的相关系数为 0.34，满足 1% 的显著性水平，这意味着国家高新区的设立提升了城市绿色发展水平。经济增长目标压力与绿色发展水平之间的相关系数为负，且满足 1% 的显著性水平，初步表明经济增长目标压力不利于绿色发展水平的提升，与第 5 章的结论类似。环境规制、金融集聚与绿色发展水平之间显著负相关。除了环境分权与绿色发展水平不显著外，其他控制变量均显著。以上仅为初步的相关性判断，仍需以后面的严谨实证检验为准。

表 6.2　Pearson 相关系数矩阵

	greend	gjgxq	jjzzyl5	dfzfjz	hjfq	er	lnrjgdp	lnrlzb	cyjjsp	czh	jrsh
gjgxq	0.34***										
jjzzyl5	-0.24***	-0.11***									
dfzfjz	0.28***	0.15***	-0.10***								
hjfq	-0.01	-0.10	0.02	0.07***							
er	-0.14***	-0.15***	0.02	0.00	-0.23***						
lnrjgdp	0.49***	0.39***	-0.19***	-0.05***	-0.02	-0.30***					
lnrlzb	0.25***	0.19***	-0.10***	0.09***	-0.04**	-0.11***	0.26***				
cyjjsp	0.07***	0.20***	-0.01	-0.04***	0.11***	-0.36***	0.67***	0.09***			
czh	0.12***	0.06***	0.04***	0.01	-0.01	-0.03*	-0.14***	-0.06***	-0.27***		
jrsh	0.21***	0.15***	-0.07***	0.76***	0.09***	-0.02	-0.14***	0.08***	-0.07***	0.04***	
jrjj	-0.29***	-0.18***	0.09***	-0.15***	0.05***	0.08***	-0.13***	0.14***	-0.08***	-0.08***	-0.05***

注：结果保留 2 位小数。*** 表示在 1% 的显著性水平上显著，** 表示在 5% 的显著性水平上显著，* 表示在 10% 的显著性水平上显著。

6.2.3　平行趋势检验

能否采用双重差分模型，需要检验政策实施前实验组与对照组是否具有共同趋势。因此，本章通过计算比较政策实施前（2003～2008 年）实验组与对照组的绿色发展水平均值，并画出折线图，以呈现政策实施前（2003～2008 年）实验组（设立了国家高新区的城市）与对照组（非国家高新区城市）的共同趋势，如图 6.1 所示。

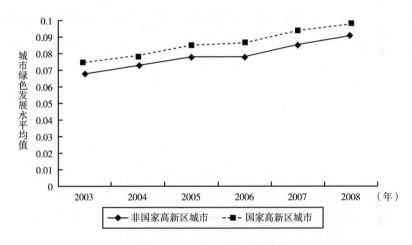

图 6.1　非国家高新区城市和国家高新区城市的绿色发展水平均值的历史走势：2003～2008 年

因在 2003～2008 年仅宁波市在 2007 年新设立了国家高新区，为了可比性，这里删掉了宁波市的样本。从图 6.1 中可以看出，虽然实验组（设立了国家高新区的城市）比对照组（非国家高新区城市）的绿色发展水平更高，但实验组（设立了国家高新区的城市）与对照组（非国家高新区城市）的绿色发展水平变动趋势相同，这说明在政策实施前（2003～2008 年）实验组与对照组的绿色发展水平满足共同趋势条件，可以采用双重差分模型评估国家高新区对城市绿色发展的驱动效应。

此外，本章还进一步运用回归法检验实验组与对照组的城市绿色发展水平是否满足共同趋势条件。虽然图6.1初步表明高新区城市与非高新区城市的绿色发展水平在政策实施前（2003～2008年）的变化趋势基本平行，但还是需要采用更严谨的实证方法加以证明。为此，本章参考雅各布松等（Jacobson et al.，1993）的事件研究法（event study approach）实证检验试点政策的动态效应，具体模型为：

$$\mathrm{greend}_{hipct} = \alpha_0 + \sum_{t=2003}^{2008} b_t \mathrm{treat} \times \mathrm{year}_t + \lambda X_{hipct} + \gamma_h + \gamma_p + \gamma_t + \varepsilon_{jt}$$

$$(6.3)$$

其中，以试点政策的2009年作为基准年，b_t表示2003～2008年的一系列估计值。X代表一系列控制变量。95%置信区间下b_t的估计结果如图6.2所示。

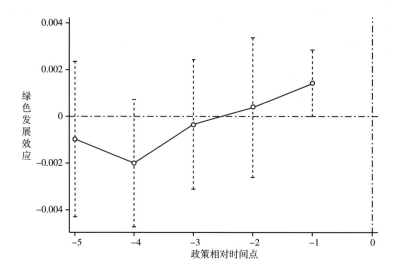

图6.2 高新区对城市绿色发展水平的动态效应

从图6.2可以发现，b_t在2003～2008年均不显著，这也说明实验组（设立了国家高新区的城市）和对照组（非国家高新区城市）在试点政策实施前（2003～2008年）不存在明显的差异，再次证明实验组（设立了国家高新区的城市）与对照组（非国家高新区城市）的绿色发展水平满足共同趋势假设。

6.3 　实证结果和分析

6.3.1 　回归结果分析

为了保证回归结果的稳健性，本书在国家高新区的设立与城市绿色发展的回归中纳入城市固定效应和年份固定效应，分别采用普通最小二乘法（reg）、面板固定效应模型法（xtreg-fe）进行回归，结果如表 6.3 所示。其中，表 6.3 中的第（1）列和第（2）列是未纳入相关控制变量的回归结果，第（3）列和第（4）列是考虑了相关控制变量的回归结果。下面仅以表 6.3 第（4）列的回归结果为基准结果进行相关经济计量解释。

表 6.3 　　　　　国家高新区的设立与城市绿色发展水平的回归结果

变量	（1）reg	（2）xtreg – fe	（3）reg	（4）xtreg – fe
gjgxq	0. 0283 *** （0. 000）	0. 0283 *** （0. 000）	0. 0210 *** （0. 000）	0. 0210 *** （0. 000）
jjzzyl5			0. 0915 （0. 599）	0. 0915 （0. 599）
sq_jjzzyl5			− 0. 1379 * （0. 078）	− 0. 1379 * （0. 078）
dfzfjz			0. 0138 （0. 765）	0. 0138 （0. 765）
hjfq			0. 0065 （0. 182）	0. 0065 （0. 182）
er			0. 0774 ** （0. 011）	0. 0774 ** （0. 011）
lnrjgdp	°		0. 0005 （0. 952）	0. 0005 （0. 952）
lnrlzb			0. 0153 *** （0. 001）	0. 0153 *** （0. 001）

续表

变量	（1）reg	（2）xtreg - fe	（3）reg	（4）xtreg - fe
cyjjsp			− 0. 0154 * （0. 064）	− 0. 0154 * （0. 064）
czh			− 0. 0478 （0. 460）	− 0. 0478 （0. 460）
jrsh			− 0. 0037 （0. 266）	− 0. 0037 （0. 266）
jrjj			0. 0006 （0. 658）	0. 0006 （0. 658）
城市固定效应	是	是	是	是
年份固定效应	是	是	是	是
N	3 927	3 927	3 264	3 264
R^2	0. 7641	0. 5752	0. 7622	0. 5383

注：结果保留 4 位小数。*** 表示在 1% 的显著性水平上显著，** 表示在 5% 的显著性水平上显著，* 表示在 10% 的显著性水平上显著。括号内的值为对应 P 值。

表 6.3 的回归结果表明，无论采用哪种回归方法、是否纳入控制变量，国家高新区（gjgxq）的回归系数均在 1% 水平上显著为正，这表明设立国家高新区可以显著提升城市的绿色发展水平，说明应继续发挥国家高新区引领城市绿色发展的作用。

控制变量的回归结果（表 6.3）与第 5 章的实证回归结果基本相同。其中，经济增长目标压力的二次项（sq_jjzzyl5）的系数为 − 0. 1379，且满足 10% 的显著性水平，表明经济增长目标压力与城市绿色发展水平之间存在倒"U"型的曲线关系，即经济增长目标压力适中才有利于城市绿色发展，而过高的经济增长目标压力会降低城市的绿色发展水平。地方政府竞争（dfzfjz）和环境分权（hjfq）的系数为正，但不显著，这与第 5 章的结果一致，且符合预期，表明地方政府竞争和环境分权对中国城市绿色发展水平影响不显著。环境规制（er）的系数显著为正（0. 0774），且满足 5% 的显著水平，与预期一致，说明加大环境规制强度可以促进城市绿色发展，环境规制强度每上升 1 个百分点，城市绿色发展水平上升 0. 0774 个百分点。人均地区生产总值（lnrjgdp）的系数不显著，符合预期，表明人均地区生产总值对城市绿色发展水平无显著影响，即人均地区生产总值的提升可能是通过消耗更多的资源及排放更多的污染物而换来的，环境污染效应抵消了其对绿色发展的经济增长效应。人力资本（lnrlzb）的回归系数为正（0.0153），且满足 1% 的显著水平，说明人力资本提升了城市绿色发展水平，人力资本的对数每上升 1 个百分点，城市绿色发展水平上升 0.0153 个百分点，符合预期。产业集聚水平（cyjjsp）的系数为负（-0.0154），且满足 10% 的显著水平，表明中国城市的产业集聚更多体现的是低端污染产业的集聚，阻碍了城市绿色发展。城镇化（czh）、金融深化（jrsh）和金融集聚（jrjj）的回归系数均不显著，表明城镇化、金融深化和金融集聚对中国城市绿色发展水平影响不显著。这恰恰与前文变量预期分析一致。其中，城镇化的系数不显著的原因可能在于：城镇化包括人口城镇化和土地城镇化，人口城镇化属于市场行为有利于绿色发展水平提升，而土地城镇化属于行政行为，不一定有利于绿色发展水平提升。金融深化的系数不显著的原因可能在于地区金融机构的贷款既流向部分污染企业，也流向了部分清洁企业。金融集聚的系数不显著的原因可能是金融集聚虽代表着金融行业吸收了更多的从业人员，但也挤占了实体经济的从业人员、提高实体经济的劳动力成本，不利于实体经济发展。

6.3.2　稳健性检验

面板固定效应模型回归结果表明国家高新区对城市绿色发展有正向促进作用，然而得出来的结论可能存在其他的影响因素，据此本章进一步对国家高新区影响绿色发展水平的净效应做反事实检验，参考贝克和列夫科夫（Beck and Levkov, 2010）的做法，将国家高新区的设立时间分别提前 1 年、2 年和 3 年之后，构造国家高新区的虚拟变量 F1gjgxq、F2gjgxq、F3gjgxq，纳入与前面基准回归相同的控制变量，与城市绿色发展水平进行回归，结果见表 6.4 第（1）列至第（3）列。回归结果发现，国家高新区对城市绿色发展水平的影响不显著，说明未设立国家高新区时，虚拟变量 gjgxq 确实未给城市绿色发展水平带来任何影响，不存在系统性误差；反过来，也论证了设立国家高新区才带来了绿色发展水平的提升，与前面结论一致，同时也排除了其他前期的可能政策对当前绿色发展水平带来的影响。

表 6.4 　　　　国家高新区的设立对城市绿色发展的稳健性检验

变量	（1）提前 1 年	（2）提前 2 年	（3）提前 3 年	（4）滞后 1 期
F1gjgxq	0.0147 (0.119)			
F2gjgxq		0.0125 (0.134)		
F3gjgxq			0.0137 (0.229)	
L1gjgxq				0.0196 *** (0.000)

注：结果保留 4 位小数。*** 表示在 1% 的显著性水平上显著，** 表示在 5% 的显著性水平上显著，* 表示在 10% 的显著性水平上显著。括号内的值为对应 P 值。

国家高新区从设立到发挥实际效果，可能存在一定的时间滞后性。因此，本章再引入国家高新区政策滞后一期变量（L1gjgxq），将其作为自变量进行稳健性回归检验，结果见表 6.4 第（4）列。从回归系数的值及显著性水平可知，滞后一期的国家高新区虚拟变量（L1gjgxq）与城市绿色发展水平的系数为 0.0196，且满足 1% 的显著性水平，即滞后一期的国家高新区虚拟变量（L1gjgxq）与城市绿色发展水平正相关。无论是回归系数的大小、方向及显著性均与前面的国家高新区虚拟变量（gjgxq）一致，再次论证了前文的结论，即设立国家高新区可以提升绿色发展水平。

6.4　进一步讨论：作用机制和异质性效应

6.4.1　作用机制分析

考虑到国家高新区仅是城市的某个区，其作用于城市绿色发展水平的机制主要体现为高质量发展的示范效应，不同于经济增长目标压力作用于城市绿色发展水平的经济增长效应和环境污染效应。依据本章 6.1 节国家高新区的设立对城市绿色发展的作用机制的理论分析结果，这里把国家高新区的设立作用于城市绿色发展的机制划分为国家高新区的设立对绿色生产、绿色生态和绿色生活 3 个方面的影响，因此将城市绿色发展水平测度的一级指标（绿色生产指数、绿色生态指数和绿色生活指数）分别作为因变量，同时纳入和前面的城市绿色发展水平回归相同的控制变量——进行回归，以论证和分析国家高新区的设立对城市绿色发展的作用机制。

（1）绿色生产指数。国家高新区的设立作用于绿色生产指数及其对应的二级指标（经济增长质量、污染排放强度和资源利用强度）的回归结果见表 6.5。依据表 6.5 的回归结果可得，国家高新区的设立作用于绿色生产指数的系数为正（0.0025），且满足 1% 的显著性水平，表明设立国家高新区能提升城市绿色发展水平。国家高新区的设立作用于经济增长质量和资源利用强度的系数亦显著为正，但系数较小，表明国家高新区的设立，有提高城市的经济增长质量和资源利用强度的正效应，但该正向效应不大，还有很大的提升空间。国家高新区的设立作用于污染排放强度的系数为负，但不显著，这表明国家高新区降低污染排放强度的效应不显著。以上实证结果表明，国家高新区的设立提高了城市的经济增长质量和资源利用强度，且总体提升了城市的绿色生产指数。

表 6.5　　　　　国家高新区的设立对绿色生产指数的机制检验

变量	（1）绿色生产指数	（2）经济增长质量	（3）污染排放强度	（4）资源利用强度
gjgxq	0.0025 *** (0.000)	0.0026 *** (0.063)	− 0.00005 (0.706)	0.00003 * (0.079)
控制变量	是	是	是	是
城市固定效应	是	是	是	是
年份固定效应	是	是	是	是
N	3 264	3 264	3 264	3 264
R²	0.7714	0.7798	0.2519	0.2904

注：*** 表示在 1% 的显著性水平上显著，** 表示在 5% 的显著性水平上显著，* 表示在 10% 的显著性水平上显著。括号内的值为对应 P 值。

（2）绿色生态指数。国家高新区的设立作用于绿色生态指数及其对应的二级指标（生态保护、环境治理和资源禀赋）的回归结果见表6.6。依据表6.6的回归结果可得，国家高新区作用于绿色生态指数、生态保护、环境治理的系数分别为0.0224、0.0059、0.0224，且至少满足5%的显著性水平，这表明国家高新区有促进城市环境治理和生态保护的效应最终导致城市的绿色生态指数上升。但国家高新区作用于资源禀赋的系数不显著，说明国家高新区的设立对当地的资源禀赋并无影响。

表6.6　　　　国家高新区的设立作用于绿色生态指数的机制检验

变量	（1）绿色生态指数	（2）生态保护	（3）环境治理	（4）资源禀赋
gjgxq	0.0224 *** (0.000)	0.0059 ** (0.029)	0.0224 *** (0.000)	− 0.0003 (0.161)
控制变量	是	是	是	是
城市固定效应	是	是	是	是
年份固定效应	是	是	是	是
N	3 264	3 264	3 264	3 264
R^2	0.4518	0.0173	0.4517	0.0069

注：结果保留4位小数。*** 表示在1%的显著性水平上显著，** 表示在5%的显著性水平上显著，* 表示在10%的显著性水平上显著。括号内的值为对应P值。

（3）绿色生活指数。国家高新区的设立作用于绿色生活指数及其对应的二级指标（居民绿色行为、居住环境）的回归结果见表6.7。

表6.7　　　　国家高新区的设立作用于绿色生活指数的机制检验

变量	（1）绿色生活指数	（2）绿色行为	（3）居住环境
gjgxq	0.0010 *** (0.000)	0.0005 ** (0.013)	0.0010 *** (0.000)
控制变量	是	是	是
城市固定效应	是	是	是
年份固定效应	是	是	是
N	3 264	3 264	3 264
R^2	0.1053	0.0197	0.1056

注：结果保留4位小数。*** 表示在1%的显著性水平上显著，** 表示在5%的显著性水平上显著，* 表示在10%的显著性水平上显著。括号内的值为对应P值。

依据表 6.7 的回归结果可得，国家高新区作用于绿色生活指数、居民绿色行为和居住环境的系数为正，且至少满足 5% 的显著性水平。以上实证结果表明，国家高新区提升了城市的居民绿色行为改善了城市的居住环境，最终提升了城市的绿色生活指数，即设立国家高新区有利于城市绿色生活。

由以上的作用机制分析可知，在绿色生产方面，国家高新区的设立提高了城市的经济增长质量和资源利用强度，且总体提升了城市的绿色生产指数。在绿色生态方面，设立国家高新区有促进城市环境治理和生态保护的效应，最终导致城市的绿色生态指数上升。在绿色生活方面，国家高新区提升了城市的居民绿色行为，改善了城市的居住环境，最终提升了城市的绿色生活指数。

以上结论可形成国家高新区的设立对城市绿色发展水平的作用机制如图6.3 所示。

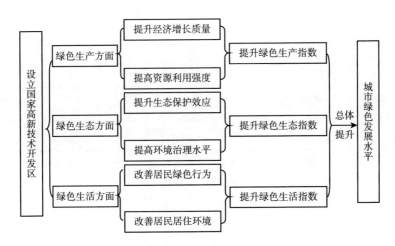

图 6.3　设立国家高新技术开发区提升城市绿色发展水平的机制

6.4.2　异质性效应

尽管考虑了国家高新区的设立对城市绿色发展水平的稳健性检验，但是我国城市规模差别较大，有超大、大、中等、小等不同的城市规模。我国城市地理空间上分布较广，空间地理差异显著。为此，本章分别以 2019 年 231 个地级及以上城市的年末总人口进行城市规模的分位数划分，以东部、中部和西部进行城市的区域划分（桂琦寒等，2006），来进行异质性效应检验，检验结果见表 6.8。城市规模的分位数回归结果表明，无论是大城市、中等规模城市还是小城市设立国家高新区，均能提升城市绿色发展水平，中等规模城市设立国家高新区对绿色发展水平的提升效应最大。东部、中部和西部进行区域划分的回归结果表明，国家高新区的设立促进了东部、中部和西部城市的绿色发展，且对东部城市的促进作用大于西部城市和中部城市。

表 6.8　城市规模和区域划分对城市绿色发展影响的异质性效应检验

变量	（1）城市规模的分位数划分			（2）区域划分		
	33%	33%~67%	67%~100%	东部	中部	西部
gjgxq	0.022** (0.027)	0.026*** (0.006)	0.018** (0.046)	0.028*** (0.000)	0.008* (0.064)	0.010** (0.029)
控制变量	是	是	是	是	是	是
时间固定效应	是	是	是	是	是	是
地区固定效应	是	是	是	是	是	是
N	1 053	1 106	1 105	1 056	1 244	964
R^2	0.505	0.625	0.468	0.467	0.636	0.581

注：结果保留 3 位小数。*** 表示在 1% 的显著性水平上显著，** 表示在 5% 的显著性水平上显著，* 表示在 10% 的显著性水平上显著。括号内的值为对应 P 值。

6.5　本章小结

中国经济已由高速增长阶段转向高质量发展和绿色发展阶段，这是中国经济进入新时代最鲜明的特征。而产业转型升级是实现高质量发展和绿色发展的关键，作为承载产业绿色发展和技术革新使命的国家高新区，则是新时代中国推动传统产业改造和高新技术产业发展、提升科技创新水平、促进产业结构合理化和高级化、实现科技自立自强发展战略和增强国际竞争力、实现绿色发展的重要制度安排。在此背景下，本章主要探索国家高新区对中国城市绿色发展的驱动效应及其作用机制。本章首先删除了2008年之前设立了国家高新区的城市，将2009年之后设立了国家高新区的城市视为实验组，一直未设立国家高新区的城市视为对照组，形成2003～2019年231个城市的面板数据，通过构建一个多期双重差分模型实证研究了设立国家高新区对城市绿色发展的影响及其作用机制。研究结果发现：

（1）从总体上看，设立国家高新区显著提升了当地绿色发展水平，在考虑了一系列可能干扰估计结果的因素后结果仍然稳健。

（2）在绿色生产方面，国家高新区的设立提高了城市的经济增长质量和资源利用强度，且总体提升了城市的绿色生产指数。

（3）在绿色生态方面，设立国家高新区有促进城市环境治理和生态保护的效应，最终导致城市的绿色生态指数上升。

（4）在绿色生活方面，国家高新区提升了城市的居民绿色行为，改善了城市的居住环境，最终提升了城市的绿色生活指数。

（5）异质性效应方面，城市规模的分位数回归结果表明，无论是大城市、中等规模城市还是小城市，设立国家高新区均提升了城市绿色发展水平，其中，设立国家高新区的中等规模城市的绿色发展水平的提升效应最大。东部、中部和西部进行区域划分的回归结果表明，国家高新区的设立促进了东部、中部和西部城市的绿色发展，且对东部城市的促进作用大于西部城市和中部城市。

基于以上结论，本章得出以下几点政策启示。

（1）国家高新区作为城市中一种重要的创新空间，作为降低其对传统粗放式发展的依赖、转向高质量发展和绿色发展的试验田，具有显著地降低对传统粗放式发展依赖的积极效应，提升了城市绿色发展水平。对于设立了国家高新区的城市来说，应持续推进国家高新区在高新技术产业方面的创新引领作用，让国家高新区真正发展高新技术产业，实现中国城市的绿色高质量发展。

（2）深入发挥国家高新区提升城市绿色发展的示范作用，以国家高新区发展为契机，形成高新技术产业与污染密集型产业之间的替代效应和减排效应，实现国家高新区创新与整个城市的互动共生，拓展创新空间，谋划腾笼换鸟，倒逼污染产业清洁升级或退出市场，为产业向多样化与高级化演进提供技术动力，进而实现人与自然和谐共生的城市绿色发展。

第 7 章

结论、建议与展望

在全面推进生态文明建设、提出绿色发展理念及推动美丽中国建设的背景下，本书构建了基于人与自然和谐共生的绿色发展的 DGE 理论框架，并实证检验了中国城市走绿色发展之路是十分必要且紧迫的，进一步构建了城市绿色发展水平测度指标体系，科学测度中国 286 个地级及以上城市的绿色发展水平，探索其时空演变规律，识别影响中国城市绿色发展的关键因素，提出促进城市绿色发展的政策建议。

本章首先对各主要章节的研究内容进行归纳与总结；其次，在本书研究结论的基础上，提出提高中国城市绿色发展的相关对策建议，为实现绿色发展、高质量发展和美丽中国建设做努力；最后，总结本书存在的不足以及对未来的研究方向进行展望。

7.1　主要结论

（1）基于人与自然和谐共生的绿色发展：DGE 理论框架与城市面板检验的结论。本部分将环境资源作为特殊的生产要素引入动态一般均衡理论模型，并对其进行拓展，构建了一个包含生产污染物排放量的最终产品部门、环境部门和清洁技术研发部门等七部门的内生经济增长模型，分析了环境资源投入、环境规制、清洁技术研发、人力资本等因素在绿色发展过程中的作用。基于最终产品部门的物质产品生产函数和生产污染物排放量函数，把生产的环境资源投入分解为环境资源投入的经济总量效应（地区生产总值）和经济结构效应（污染产业占比），构建联立方程组，利用 2003～2019 年中国 286 个城市的面板数据进行实证，主要得到以下结论。

①增加研发人力资本投入、提高研发部门和人力资源部门的生产效率，能有效提高城市经济增长率。降低消费者时间偏好率有利于绿色发展。

②经济要想实现绿色发展，则经济增长率和消费增长率必须小于环境整体具有的生长能力和净化能力（既包括环境自身的生长能力和净化能力，还包括人工的生长能力和净化能力）。欲实现人与自然和谐共生的绿色发展，环境资源存量的增长率必须大于经济增长率，人工的环境修复和净化能力将在绿色发展中发挥越来越重要的作用。

③中国城市经济增长主要靠劳动力和物质资本传统要素拉动，经济总量每增长 1%，生产污染增加 0.743% 以上。农业产业占比和工业污染产业占比分别以高于 0.290 和 0.251 的弹性系数值增加城市环境污染。环境污染以 0.362 以上的弹性系数抑制了中国城市经济增长。环境规制有减污效应，但其减污效应不大，还有很大的提升空间。可见当前中国城市依然以传统的"三高一低"发展模式进行发展，但难以为继，践行绿色发展正当时。

（2）中国城市绿色发展水平测度及时空演变分析的结论。基于 2003～2019 年中国 286 个地级及以上城市的面板数据，本部分从绿色生产、绿色生态、绿色生活 3 个方面构建绿色发展水平测度指标体系，运用纵横向拉开档次评价法测算中国城市绿色发展水平。然后通过空间相关分析、热点分析、Dagum 基尼系数分解法等方法多维度探讨城市绿色发展水平时空动态演变特征，主要得到以下结论。

①全国总体的城市绿色发展水平在稳步提升，但仍有很大的改善空间。全国城市绿色发展水平均值由 2003 年的 0.4130 逐年提升至 2019 年的 0.7822，平均增长率 3.83%，仅 2006 年均值微微下降。若按百分制来看，

全国城市绿色发展水平处于 0 ~ 1，满分为 1 的话，2009 年之前，全国城市绿色发展水平均值小于 0.6（60 分），为不及格水平。2009 年全国城市绿色发展水平均值为 0.6077，刚达到及格水平，随后逐年改善，截至 2019 年，全国城市绿色发展水平的均值为 0.7689，仍低于 0.8（80 分）；高水平地区仅有 93 个城市，占比不到 50%。大部分城市的绿色发展水平属于中高水平。2003 ~ 2019 年，中等及以下水平地区在数量上明显减少，中高水平和高水平地区在数量上大幅增加，且在空间分布上积聚在东部和中部地区。可以说明全国城市绿色发展水平还有很大的提升空间。

②截至 2019 年，绿色生态指数得分最高，其次是绿色生活指数得分，绿色生产指数得分最低。绿色生产指数、绿色生态指数和绿色生活指数在 2003 ~ 2019 年呈现较为平稳增长态势，平均增长率分别为 2.67%、4.61%、1.66%。与全国城市绿色发展水平均值增长率（3.83%）相比，绿色生态指数增长较快，对城市绿色发展水平的提升贡献最大。绿色生活指数 2003 ~ 2019 年一直处于全国城市绿色发展水平均值之上，且平稳增长，但增长幅度最小。绿色生产指数虽然也呈现逐年上升趋势，但是增长幅度远远弱于绿色生态指数（4.61%）及全国均值的上升幅度（3.83%）。而且从具体数值来看，绿色生产指数是拉低全国城市绿色发展水平的主要因素，说明在考察期内中国城市的发展模式是传统的粗放发展，即高速经济增长的同时，生产要素投入高，能源资源消耗高，污染排放强度高，资源利用效率低，最终拉低了绿色生产指数。因此要加速提升城市绿色发展水平迫切需要提高绿色生产水平。

③2003 ~ 2019 年中国地级及以上城市的绿色发展水平 Moran's I 指数均为正，且均在 1% 显著性水平上通过检验，表明中国城市绿色发展水平在空间分布上呈显著的正相关。这意味着中国城市绿色发展水平呈现典型的空间集聚特征，城市绿色发展水平的空间分布呈现高 - 高型空间集聚模式与低 - 低型空间集聚模式的正向空间相关性。2003 ~ 2009 年，中国城市凸显的热点地区主要集中在广东省之外的东部沿海和中部城市，冷点区域位于西部地区和靠近珠三角的两广地区，其他较小的冷点区域分布在东北地区。2014 ~

2019 年，中国城市的热点区域依然集中在广东省之外的东部沿海和中部城市，西部城市的冷点区域在缩小，东北地区的冷点区域在扩大，而两广地区的冷热点效应变得不再明显。

④全国和各区域内部的基尼系数在 2003～2019 年有显著的下降，表明在考察期内中国城市绿色发展发展的总体差异呈下降趋势，东部城市、中部城市和西部城市内部的绿色发展水平差异呈下降趋势。从各区域间差异的变化趋势来看，各个区域之间的绿色水平基尼系数呈现一致的下降趋势。考察期内，区域内差异、区域间差异、超变密度的年平均贡献率分别为 30.36%、36.55% 和 33.09%，这表明区域间差异是区域总体差异产生的主要来源，但是三者之间的贡献率相差较小。具体来看，区域内差异的贡献率均介于 29.46%～31.00%，考察期内整体呈波动持平态势；区域间差异的贡献率在考察期内均介于 32.24%～42.79%，考察期内整体呈上升趋势，涨幅为 0.85%；超变密度的贡献率介于 27.56%～36.09%，总体呈波动下降趋势，降幅为 0.85%。

（3）经济增长目标压力对城市绿色发展的影响研究结论。本部分基于中国 286 个地级及以上城市 2003～2019 年政府工作报告中的经济增长目标数据，测算经济增长目标压力指数。然后实证检验经济增长目标压力对中国城市绿色发展水平的影响，主要得出以下几点结论。

①经济增长目标压力与中国城市绿色发展水平呈倒 "U" 型曲线的关系，也就是说，当经济增长目标压力适中时，有利于城市绿色发展水平的提升，而当经济增长目标压力过大时，反而会负向影响城市绿色发展水平。

②从经济增长效应和环境污染效应两方面研究经济增长目标压力对城市绿色发展水平作用的机制，可以发现，经济增长效应方面，过大的经济增长目标压力使地方政府通过扩大财政支出、加大招商引资等手段来达到经济量增加的目的，却带来了经济质量的下降，长期看来不利于绿色发展。环境污染效应方面，过高的经济增长目标压力会带来污染排放强度的增加和环境治理的下降，从而降低了城市绿色发展水平。综上表明，选择适度的经济增长目标是当前阶段推进城市绿色发展的重要手段。

（4）国家高新区对城市绿色发展的驱动效应分析结论。本部分首先删除了 2009 年之前设立了国家高新区的城市，将 2009 年之后设立了国家高新区的城市视为实验组，1988 年至 2019 年一直未设立国家高新区的城市视为对照组，形成 2003~2019 年的 231 个城市的面板数据，通过构建一个多期 DID 模型实证研究了设立国家高新区对城市绿色发展的驱动作用及其机制，主要得出以下结论。

①从总体上看，设立国家高新区显著地提升了当地绿色发展水平，在考虑了一系列可能干扰估计结果的因素后结果仍然稳健。

②绿色生产方面，国家高新区的设立，提高了城市的经济增长质量和资源利用强度，且总体提升了城市的绿色生产指数。

③绿色生态方面，设立国家高新区，有促进城市环境治理和生态保护的效应，最终导致城市的绿色生态指数上升。

④绿色生活方面，国家高新区提升了城市的居民绿色行为，改善了城市的居住环境，最终提升了城市的绿色生活指数。

⑤异质性效应方面，以城市规模的分位数回归结果表明，无论是大城市、中等规模城市还是小城市，设立国家高新区，均提升了城市绿色发展水平。其中，中等规模城市设立国家高新区对绿色发展水平的提升效应最大。以东部、中部和西部进行区域划分的回归结果表明，国家高新区的设立促进了东部、中部和西部城市的绿色发展，且对东部城市的促进作用大于对西部城市和中部城市的作用。

7.2　政策建议

基于绿色发展均衡及中国城市绿色发展水平的测度、时空演变特征及影响因素研究的相关结论，在生态文明及绿色发展背景下，为提升中国城市绿色发展水平、践行绿色发展理念和促进美丽中国建设，提出以下几点对策建议。

（1）转变发展方式，构建绿色生产体系。第 3 章的 DGE 理论表明，增加研发人力资本投入、提高研发部门和人力资源部门的生产效率，能有效提高城市经济增长率，进而实现绿色发展。第4章、第5章和第6章的实证研究显示，提高绿色生产水平能显著提升城市绿色发展水平。因此各地方政府和企业应该以绿色发展理念为指导，以科技创新为引领，以产业转型升级为手段，以节能、降耗、减污为目标，推动生产清洁化、绿色化。具体可以从以下几个方面着手努力。

第一，发挥科技创新引领作用。把创新驱动作为强劲动力，建设发展国家高新区，以绿色循环低碳为重点，充分发挥好政府推动创新的作用。突出科技创新引领功能，着力解决创新水平不高、人才制约明显等问题，推动新技术、新兴产业和新业态不断涌现，为经济发展和技术进步提供内生动力。继续推进国家高新区体制机制建设，让国家高新区真正发展高新技术产业。充分发挥国家高新区在推动城市绿色发展中的示范作用，增强国家高新区的辐射带动功能，充分发挥高新技术产业对污染密集型产业的替代效应和减排效应。努力促进国家高新区创新发展与全市创新发展的互动共生，拓展创新空间，谋划腾笼换鸟，强迫污染产业清洁升级或退出市场，推动产业多样化、高级化发展，进而实现人与自然和谐共生的城市绿色发展。积极利用高新技术对农业、工业和服务业进行生态化改造。通过清洁生产实现资源节约和环境保护，利用高新技术优化能源生产和消费结构，积极发展清洁能源和可再生能源。加大环保技术研究力度，力争在资源节约、新能源开发等方面做到集约利用，在环境治理方面取得新突破。支持生态文明领域工程技术类研究，完善科技创新成果转化机制，加快成熟适用技术的示范和推广。加强科技人才队伍建设，激发创新动力和创造活力，实现从要素驱动向创新驱动的转变。

第二，加快产业转型升级。第5章的结论表明，唯有设定适度的经济增长目标才能提升城市绿色发展水平，而经济增长目标压力过大，将导致地方政府以较低的环境规制强度和过高的污染产业投资来兑现经济增长目标，进而导致城市绿色发展水平下降。因此，地方政府应该以人与自然和谐共生的绿色发展理念为指导，选择适度的经济增长目标，坚持产业转型升级不动摇，切实解决产业结构不合理、传统产业效率低、新兴产业规模小等问题，加快形成具有比较优势的现代产业体系。地方政府应该积极建设资源节约型、环境友好型社会，重点推广新技术、新设备、新产品，培育发展节能环保产业，切实改变偏粗、偏重、偏短的产业格局，着力打造绿色发展新优势。督促污染企业转型升级，对环保技术创新和治污投资的行为进行奖励和宣传，对多次督促且不履行减污责任的落后产能实行关停并转，进而实现高碳产业的低碳发展。要支持和提升国家高新区在加快传统产业转型升级和高技术产业发展中的引导作用，落实以城聚产、以产兴城、产城联动的融合发展之路，提升国家高新区绿色发展的辐射带动能力。

第三，驱动环境资源在投入端集约利用、在产出端清洁生产。树立节约集约循环利用理念，加强全社会、全领域、全过程节约意识，落实"减量化、再利用、资源化、减量化"原则，推进企业循环式生产、产业循环式组合、园区循环式改造，加快形成覆盖全社会的物质流循环体系。首先，加强全过程节约管理，降低能源、水、土地消耗强度，加强高能耗行业能耗管控，实施全民节能行动，提高节能、节水、节地、节材、节矿标准，降低单位产出物质消耗，大幅度提高资源产出率，促进生产系统和生活系统循环，促进资源循环利用。与此同时，加大产出端的清洁技术研发，变废为宝，提高废弃物资源化利用水平。其次，多途径开发利用可再生能源，提高非化石能源比重，促进煤炭、石油等化石能源清洁高效利用，努力构建清洁低碳、安全高效的现代能源体系，早日碳达峰。最后，注重盘活存量与优化增量相结合，严禁批准产能严重过剩行业新增生产项目，严格控制增量。同时，要着力化解产能过剩矛盾，逐步消化存量，实现落后产能退出市场，资源配置优化。

（2）加大环境保护力度，培育绿色生态环境。生态的兴衰决定着文明的兴衰，生态环境是人类赖以生产和生活的基础。习近平总书记指出："生态环境是人类最基本的生存条件，是我国可持续发展最重要的基础保障。"① 当

---

① 中共中央宣传部. 习近平新时代中国特色社会主义思想学习纲要（2023 年版）[M]. 北京：学习出版社和人民出版社，2023：222 – 231.

前严峻的生态资源环境形势，已经对人们的正常生产生活造成严重影响，迫切需要走一条人与自然和谐共生的绿色发展之路。

第一，树立人与自然和谐共生的理念。第3章的结论告诉我们，如果人类对自然的索取超出自然资源存量自身的生长能力和净化能力，自然环境将会逐渐恶化，造成人与自然的不和谐。因此，人类应敬畏自然、顺应自然，要以人与自然和谐共生的理念去尊重、顺应、保护自然。

第二，以增加环境资源存量为目标构建绿色生态体系。自然这个包括资源、环境和生态三要素的完整生态系统是具备一定的自我生长和自我净化能力的，因此，我们必须树立涵盖山水林田湖草的系统观念，以人工能动性增加环境资源存量的整体思维，提升环境资源整体具有的生长能力和净化能力，形成自然生态系统内部的良性循环，以助力人与自然和谐共生的现代化城市建设。只有这样，人类才能实现在收获经济高质量增长的同时，也享受到环境资源存量的红利，即环境资源存量自身具有的生长能力和净化能力助力了经济的快速增长，且实现了环境资源存量的提升。

（3）营造绿色发展理念，倡导绿色生活消费。优美的生态环境是人们幸福生活的保障，自然环境状况影响着生活质量，反过来人们生活消费又是影响生态环境的重要因素之一。加之我国人口众多，原本的人均自然资源就较为贫瘠，经历40多年的经济高速增长后，依然处于发展中国家水平。然而生态环境的迅速恶化致使人们经历了从"盼温饱"到"盼环保"，从"求生存"到"求生态"的转变，即人们对宜居生活环境的期待越来越高。因此，加强宣传教育，引导全民树立绿色发展理念，构建文明、节约、绿色、低碳的消费模式和生活方式，对于提升绿色发展水平也是至关重要的。

第一，加强宣传教育，引导全民树立绿色发展的理念。借助互联网、电视、地铁广告、报刊等各种方式，覆盖居民社区、学校、单位、企业等层面，以海报、微视频等多种形式呈现，向全民传播绿色消费知识。建立和完善环境保护教育机制，把生态道德教育贯穿国民教育的全过程，从孩童抓起，宣传和举办垃圾分类的环保活动、践行消费绿色环保产品的消费行为，在学校开展"人与自然和谐共生"的主题教育和游学行动，培育和树立年轻一代的绿色环保行为和绿色发展理念。依据和遵从市场经济规律来激励地方政府、公众和企业等市场主体进行绿色生产、绿色流通和绿色消费，全面落实绿色发展。深入开展爱国卫生运动，综合整治城、镇、乡环境卫生，增加绿地、绿道、公园等公共空间，加快解决黑臭水体、垃圾围城等问题。完善公众参与制度，深入开展绿色生活方式全民行动，改善城乡人居环境，推进绿色企业、绿色校园、绿色社区、绿色庭院创建，引导更多的志愿者参与环保宣传。

第二，倡导绿色生活方式，努力提高绿色消费自觉。强化政策引导，大力发展绿色建筑和低碳、便捷的交通体系。鼓励绿色低碳出行，推行绿色办公，加快推动人民群众在吃、穿、住、行、游等方面形成勤俭节约、绿色低碳、文明健康的社会风气。引导消费者购买和使用节能、环保、低碳产品，坚决抵制和反对各种形式的奢侈浪费、不合理消费。

7.3 研究不足与展望

在生态文明及绿色发展的背景下，本书构建了中国城市绿色发展的动态一般均衡理论模型，采用纵横向拉开档次评价法测度其绿色发展水平，并分析其时空演变特征，分析影响城市绿色发展水平的因素。对推进中国城市绿色发展及生态文明建设，促进中国经济高质量发展，助力美丽中国建设具有重要的理论与现实意义。由于研究数据的可获得性与阶段性限制以及研究层次的局限性，本书中还可能存在一些不足之处以及有待进一步探索完善之处。

其一，绿色发展动态一般均衡理论模型的构建与实证更多侧重生产端，而未充分考虑消费端，因此关于这点有待在未来的研究中进一步完善。在今后的研究当中，有必要尝试将生产端、消费端等一并纳入理论模型框架和实证分析，进一步探索和完善绿色发展理论框架，使理论模型更贴近现实。

其二，影响因素的选取和回归方法有待进一步完善。绿色发展水平测度指标体系涵盖了各方面的指标，导致在识别关键影响因素时，要着重考虑外生性和政策性，实证检验时选取了两个外生因素，即重点考察了设立经济增长目标而形成的经济增长目标压力指数和设立国家高新技术产业开发区这一政策对城市绿色发展水平的影响。城市绿色发展水平是多种因素共同作用的结果，受限于数据可获得性，暂未将其他政策等因素考虑在内，有必要进一步完善和识别这些可能因素，并对其对城市绿色发展水平的影响程度及影响机制进行分析，这为未来提供了重要的研究方向。

其三，本书运用的数据较为庞大，翻阅了大量统计资料和网站数据库，收集和整理了实证检验中国 286 个城市绿色发展的必要性（涉及 6 个指标）、绿色发展水平测度（涉及 3 大类，25 个指标）、经济增长目标和国家高新区对绿色发展水平的影响（涉及 15 个指标）3 个方面的数十万条数据，始终小心翼翼不敢有一丝马虎，多次核对数据摘录的准确性，但难免可能存在疏漏。因此在未来的研究中，有必要进一步确保数据的准确性，从而保证研究结果的可靠性。

参考文献

［1］白杨，黄宇驰，王敏，等．我国生态文明建设及其评估体系研究进展［J］．生态学报，2011，31（20）：6295－6304．

［2］蔡海静，汪祥耀，谭超．绿色信贷政策、企业新增银行借款与环保效应［J］．会计研究，2019，40（3）：88－95．

［3］蔡绍洪，魏媛，刘明显．西部地区绿色发展水平测度及空间分异研究［J］．管理世界，2017，33（6）：174－175．

［4］曹清峰．国家级新区对区域经济增长的带动效应——基于70大中城市的经验证据［J］．中国工业经济，2020，38（7）：43－60．

［5］曾凡银．试析绿色发展基本框架［J］．环境保护，2017，45（12）：43－47．

［6］车磊，白永平，周亮，等．中国绿色发展效率的空间特征及溢出分析［J］．地理科学，2018，38（11）：1788－1798．

［7］陈敏鹏，陈吉宁，赖斯芸．中国农业和农村污染的清单分析与空间特征识别［J］．中国环境科学，2006，26（6）：751－755．

［8］陈明华，王山，刘文斐．黄河流域生态效率及其提升路径——基于100个城市的实证研究［J］．中国人口科学，2020，34（4）：46－58＋127．

［9］陈晓丹，车秀珍，杨顺顺，等．经济发达城市生态文明建设评价方法研究［J］．生态经济，2012，28（7）：52－56．

［10］陈效述，乔立佳. 中国经济—环境系统的物质流分析［J］. 自然资源学报，2000，15（1）：17－23.

［11］陈瑶. 中国区域工业绿色发展效率评估——基于 R&D 投入视角［J］. 经济问题，2018，40（12）：77－83.

［12］陈钊，熊瑞祥. 比较优势与产业政策效果——来自出口加工区准实验的证据［J］. 管理世界，2015，31（8）：67－80.

［13］成金华，陈军，李悦. 中国生态文明发展水平测度与分析［J］. 数量经济技术经济研究，2013，30（7）：36－50.

［14］成金华，李悦，陈军. 中国生态文明发展水平的空间差异与趋同性［J］. 中国人口·资源与环境，2015，25（5）：1－9.

［15］程莉，文传浩. 长江经济带乡村绿色发展水平研判及其多维解释［J］. 南通大学学报（社会科学版），2019，35（4）：29－37.

［16］程郁，陈雪. 创新驱动的经济增长——高新区全要素生产率增长的分解［J］. 中国软科学，2013，28（11）：26－39.

［17］程钰，王晶晶，王亚平，等. 中国绿色发展时空演变轨迹与影响机理研究［J］. 地理研究，2019，38（11）：2745－2765.

［18］邓慧慧，杨露鑫，潘雪婷. 高铁开通能否助力产业结构升级：事实与机制［J］. 财经研究，2020，46（6）：34－48.

［19］邓远建，张陈蕊，袁浩. 生态资本运营机制：基于绿色发展的分析［J］. 中国人口·资源与环境，2012，22（4）：19－24.

［20］杜莉，马遥遥. "一带一路"沿线国家的绿色发展及其绩效评估［J］. 吉林大学社会科学学报，2019，59（5）：135－149＋222.

［21］傅京燕，李丽莎. 环境规制、要素禀赋与产业国际竞争力的实证研究——基于中国制造业的面板数据［J］. 管理世界，2010，26（10）：87－98＋187.

［22］傅为忠，边之灵. 区域承接产业转移工业绿色发展水平评价及政策效应研究——基于改进的 CRITIC－TOPSIS 和 PSM－DID 模型［J］. 工业技术经济，2018，37（12）：106－114.

［23］高红贵，赵路．长江经济带产业绿色发展水平测度及空间差异分析［J］．科技进步与对策，2019，36（12）：46－53.

［24］高苇，成金华，张均．异质性环境规制对矿业绿色发展的影响［J］．中国人口·资源与环境，2018，28（11）：150－161.

［25］高赢．"一带一路"沿线国家低碳绿色发展绩效研究［J］．软科学，2019，33（8）：78－84.

［26］桂琦寒，陈敏，陆铭，等．中国国内商品市场趋于分割还是整合：基于相对价格法的分析［J］．世界经济，2006，66（2）：20－30.

［27］韩超，张伟广，冯展斌．环境规制如何"去"资源错配——基于中国首次约束性污染控制的分析［J］．中国工业经济，2017，35（4）：115－134.

［28］郝淑双，朱喜安．中国区域绿色发展水平影响因素的空间计量［J］．经济经纬，2019，36（1）：10－17.

［29］何爱平，安梦天．地方政府竞争、环境规制与绿色发展效率［J］．中国人口·资源与环境，2019，29（3）：21－30.

［30］何剑，王欣爱．中国产业绿色发展的时空特征分析［J］．科技管理研究，2016，36（21）：240－246.

［31］和立道，王英杰，张鑫娜．财政分权、节能环保支出与绿色发展［J］．经济与管理评论，2018，34（6）：25－35.

［32］贺爱忠，杜静，唐宇．"两型"试验区流通业绿色发展状况与提升对策探讨［J］．北京工商大学学报（社会科学版），2013，28（2）：20－26.

［33］贺爱忠．"两型"试验区服务业绿色发展的体制机制障碍与对策［J］．北京工商大学学报（社会科学版），2011，26（6）：26－32.

［34］贺晓宇，韩保江．政绩诉求与长江经济带城市绿色发展的关联性［J］．南通大学学报（社会科学版），2018，34（4）：33－40.

［35］胡鞍钢，周绍杰．绿色发展：功能界定、机制分析与发展战略［J］．中国人口·资源与环境，2014，24（1）：14－20.

［36］黄建欢，吕海龙，王良健．金融发展影响区域绿色发展的机理——基于生态效率和空间计量的研究［J］．地理研究，2014，33（3）：532－545.

［37］黄健柏，贺稳彪，丰超．全球绿色发展格局变迁及其逻辑研究［J］．南方经济，2017，35（5）：35－49.

［38］黄菁，陈霜华．环境污染治理与经济增长：模型与中国的经验研究［J］．南开经济研究，2011，27（1）：142－152.

［39］黄磊，吴传清．长江经济带城市工业绿色发展效率及其空间驱动机制研究［J］．中国人口·资源与环境，2019，29（8）：40－49.

［40］黄茂兴，林寿富．污染损害、环境管理与经济可持续增长——基于五部门内生经济增长模型的分析［J］．经济研究，2013，48（12）：30－41.

［41］黄跃，李琳．中国城市群绿色发展水平综合测度与时空演化［J］．地理研究，2017，36（7）：1309－1322.

［42］黄志斌，姚灿，王新．绿色发展理论基本概念及其相互关系辨析［J］．自然辩证法研究，2015，31（8）：108－113.

［43］纪祥裕，顾乃华．国家高新区改善了资源型城市的环境质量吗［J］．现代经济探讨，2019，38（11）：38－49.

［44］纪璇，林晶．绿色发展：马克思主义生态观的时代阐释［J］．人民论坛，2019，28（8）：102－103.

［45］金赛美．中国省际农业绿色发展水平及区域差异评价［J］．求索，2019，39（2）：89－95.

［46］金晓雨．环境规制与国内污染转移——基于"十一五"COD排放控制计划的考察［J］．产业经济研究，2018，17（6）：115－125.

［47］金瑶梅．马克思人化自然观视域中的绿色发展［J］．现代哲学，2016，32（5）：24－29＋42.

［48］柯善咨，向娟．1996—2009年中国城市固定资本存量估算［J］．统计研究，2012，29（7）：19－24.

［49］赖斯芸，杜鹏飞，陈吉宁．基于单元分析的非点源污染调查评估方法［J］．清华大学学报（自然科学版），2004，44（9）：1184 – 1187.

［50］蓝庆新，黄婧涵．"一带一路"沿线国家绿色发展水平评价研究［J］．财经问题研究，2020，42（4）：121 – 128.

［51］蓝庆新，彭一然，冯科．城市生态文明建设评价指标体系构建及评价方法研究——基于北上广深四城市的实证分析［J］．财经问题研究，2013，35（9）：98 – 106.

［52］李光龙，周云蕾．环境分权、地方政府竞争与绿色发展［J］．财政研究，2019，40（10）：73 – 86.

［53］李娟．"三生"共赢：绿色发展的逻辑契合和实现路径［J］．学术界，2018，33（6）：45 – 54.

［54］李琳，楚紫穗．我国区域产业绿色发展指数评价及动态比较［J］．经济问题探索，2015，36（1）：68 – 75.

［55］李琳，张佳．长江经济带工业绿色发展水平差异及其分解——基于 2004 ~ 2013 年 108 个城市的比较研究［J］．软科学，2016，30（11）：48 – 53.

［56］李玲，陶锋．中国制造业最优环境规制强度的选择——基于绿色全要素生产率的视角［J］．中国工业经济，2012，30（5）：70 – 82.

［57］李少林，陈满满．"煤改气""煤改电"政策对绿色发展的影响研究［J］．财经问题研究，2019，41（7）：49 – 56.

［58］李爽，周天凯，樊琳梓．长江经济带城市绿色发展及影响因素分析［J］．统计与决策，2019，35（15）：121 – 125.

［59］李卫兵，张凯霞．空气污染对企业生产率的影响——来自中国工业企业的证据［J］．管理世界，2019，35（10）：95 – 112 + 119.

［60］李文华，熊兴．乡村振兴战略背景下农地规模经营与农业绿色发展［J］．资源开发与市场，2018，34（11）：1563 – 1570.

［61］李晓西，刘一萌，宋涛．人类绿色发展指数的测算［J］．中国社会科学，2014，35（6）：69 – 95.

［62］李雪松，曾宇航．中国区域创新型绿色发展效率测度及其影响因素研究［J］．科技进步与对策，2019，10（6）：1 - 10.

［63］李政，杨思莹．国家高新区能否提升城市创新水平？［J］．南方经济，2019，37（12）：49 - 67.

［64］李子豪，毛军．地方政府税收竞争、产业结构调整与中国区域绿色发展［J］．财贸经济，2018，39（12）：142 - 157.

［65］联合国环境规划署．全球环境展望6［R］．内罗毕：联合国环境规划署，2019：1 - 4.

［66］联合国环境规划署．迈向绿色经济：实现可持续发展和消除贫困的各种途径［R］．内罗毕：联合国环境规划署，2011：1 - 42.

［67］梁洁，史安娜，马轶群．环境规制与中国宏观经济——基于动态随机一般均衡模型的实证分析［J］．南京农业大学学报（社会科学版），2014，14（2）：93 - 102.

［68］梁婧，张庆华，龚六堂．城市规模与劳动生产率：中国城市规模是否过小？——基于中国城市数据的研究［J］．经济学（季刊），2015，14（3）：1053 - 1072.

［69］刘建翠，郑世林．中国工业绿色发展的技术效率及其影响因素研究——基于投入产出表的分析［J］．城市与环境研究，2019，5（3）：37 - 54.

［70］刘凯，任建兰，穆学英，等．中国地级以上城市绿色化水平测度与空间格局［J］．经济问题探索，2017，38（11）：77 - 83.

［71］刘瑞明，赵仁杰．国家高新区推动了地区经济发展吗？——基于双重差分方法的验证［J］．管理世界，2015，31（8）：30 - 38.

［72］刘淑琳，王贤彬，黄亮雄．经济增长目标驱动投资吗？——基于2001—2016 年地级市样本的理论分析与实证检验［J］．金融研究，2019，62（8）：1 - 19.

［73］刘锡良，文书洋．中国的金融机构应当承担环境责任吗？——基本事实、理论模型与实证检验［J］．经济研究，2019，54（3）：38 - 54.

［74］刘杨，杨建梁，梁媛. 中国城市群绿色发展效率评价及均衡特征
［J］. 经济地理，2019，39（2）：110－117.

［75］刘耀彬，胡凯川，喻群. 金融深化对绿色发展的门槛效应分析
［J］. 中国人口·资源与环境，2017，27（9）：205－211.

［76］刘玉高，陶泽元. 马克思恩格斯绿色发展观及其当代再现［J］.
中南民族大学学报（人文社会科学版），2016，36（3）：93－96.

［77］陆建明，王文治. 资源贸易与环境改善的政策选择：基于 DGE 模
型的研究［J］. 世界经济，2012，72（8）：67－91.

［78］罗党论，赖再洪. 重污染企业投资与地方官员晋升——基于地级
市 1999—2010 年数据的经验证据［J］. 会计研究，2016，37（4）：42－48＋
95.

［79］罗宣，金瑶瑶，王翠翠. 转型升级下资源型城市绿色发展效率研
究——以中部地区为例［J］. 西南交通大学学报（社会科学版），2017，18
（6）：77－83.

［80］吕政，张克俊. 国家高新区阶段转换的界面障碍及破解思路［J］.
中国工业经济，2006，24（2）：5－12.

［81］马骍. "一带一路"沿线国家环境全要素生产率动态评价及绿色
发展的国别差异——基于 DEA－Malmquist 指数的实证研究［J］. 河南大学
学报（社会科学版），2019，59（2）：17－25.

［82］欧阳志云，赵娟娟，桂振华，等. 中国城市的绿色发展评价［J］.
中国人口·资源与环境，2009，19（5）：11－15.

［83］彭水军，包群. 环境污染、内生增长与经济可持续发展［J］. 数
量经济技术经济研究，2006，23（9）：114－126＋140.

［84］乔晓楠，段小刚. 总量控制、区际排污指标分配与经济绩效［J］.
经济研究，2012，47（10）：121－133.

［85］秦伟山，张义丰，袁境. 生态文明城市评价指标体系与水平测度
［J］. 资源科学，2013，37（8）：1677－1684.

［86］任嘉敏，马延吉. 东北老工业基地绿色发展评价及障碍因素分析

[J]. 地理科学, 2018, 38 (7): 1042 – 1050.

[87] 沈坤荣, 金刚, 方娴. 环境规制引起了污染就近转移吗? [J]. 经济研究, 2017, 52 (5): 44 – 59.

[88] 苏利阳, 郑红霞, 王毅. 中国省际工业绿色发展评估 [J]. 中国人口·资源与环境, 2013, 23 (8): 116 – 122.

[89] 孙才志, 童艳丽, 刘文新. 中国绿色化发展水平测度及动态演化规律 [J]. 经济地理, 2017, 37 (2): 15 – 22.

[90] 孙建. 环保政策、技术创新与碳排放强度动态效应: 基于三部门 DSGE 模型的模拟分析 [J]. 重庆大学学报 (社会科学版), 2020, 26 (2): 31 – 45.

[91] 谭静, 张建华. 国家高新区推动城市全要素生产率增长了吗?·——基于 277 个城市的"准自然实验"分析 [J]. 经济与管理研究, 2018, 39 (9): 75 – 90.

[92] 唐勇军, 李鹏. 董事会特征、环境规制与制造业企业绿色发展——基于 2012—2016 年制造业企业面板数据的实证分析 [J]. 经济经纬, 2019, 36 (3): 73 – 80.

[93] 田晖, 宋清. 创新驱动能否促进智慧城市经济绿色发展——基于我国 47 个城市面板数据的实证分析 [J]. 科技进步与对策, 2018, 35 (24): 6 – 12.

[94] 童健, 刘伟, 薛景. 环境规制、要素投入结构与工业行业转型升级 [J]. 经济研究, 2016, 51 (7): 43 – 57.

[95] 涂正革, 甘天琦. 中国农业绿色发展的区域差异及动力研究 [J]. 武汉大学学报: 哲学社会科学版, 2019, 72 (3): 165 – 178.

[96] 王兵, 唐文狮, 吴延瑞, 等. 城镇化提高中国绿色发展效率了吗? [J]. 经济评论, 2014, 35 (4): 38 – 49.

[97] 王兵, 侯冰清. 中国区域绿色发展绩效实证研究: 1998—2013——基于全局非径向方向性距离函数 [J]. 中国地质大学学报 (社会科学版), 2017, 17 (6): 24 – 40.

[98] 王芳，曹一鸣，陈硕. 反思环境库兹涅茨曲线假说 [J]. 经济学（季刊），2020, 19 (1)：81-100.

[99] 王华春，崔伟，平易. 税收竞争促进区域绿色发展了吗？——基于空间杜宾模型的实证研究 [J]. 云南财经大学学报，2019, 35 (11)：3-14.

[100] 王建民，仇定三，蒋倩颖，等. 长江经济带工业绿色发展效率测量与提升路径研究 [J]. 科技管理研究，2019, 39 (12)：46-52.

[101] 王杰，刘斌. 环境规制与企业全要素生产率——基于中国工业企业数据的经验分析 [J]. 中国工业经济，2014, 32 (3)：44-56.

[102] 王丽霞，陈新国，姚西龙. 环境规制政策对工业企业绿色发展绩效影响的门限效应研究 [J]. 经济问题，2018, 40 (1)：78-81.

[103] 王鹏，吴思霖，李彦. 国家高新区的设立能否推动城市产业结构优化升级？——基于 PSM-DID 方法的实证分析 [J]. 经济社会体制比较，2019, 35 (4)：17-29.

[104] 王巧，佘硕，曾婧婧. 国家高新区提升城市绿色创新效率的作用机制与效果识别——基于双重差分法的检验 [J]. 中国人口·资源与环境，2020, 30 (2)：129-137.

[105] 王贤彬，陈春秀. 经济增长目标压力遏制制造业全要素生产率提升了吗？[J]. 产经评论，2019, 10 (6)：108-122.

[106] 王勇，李海英，俞海. 中国省域绿色发展的空间格局及其演变特征 [J]. 中国人口·资源与环境，2018, 28 (10)：96-104.

[107] 魏琦，张斌，金书秦. 中国农业绿色发展指数构建及区域比较研究 [J]. 农业经济问题，2018, 39 (11)：11-20.

[108] 邬晓霞，张双悦. "绿色发展"理念的形成及未来走势 [J]. 经济问题，2017, 39 (2)：30-34.

[109] 吴超，杨树旺，唐鹏程，等. 中国重污染行业绿色创新效率提升模式构建 [J]. 中国人口·资源与环境，2018, 28 (5)：40-48.

[110] 吴传清，黄磊. 演进轨迹、绩效评估与长江中游城市群的绿色发

展 [J]. 改革，2017，30（3）：65 - 77.

[111] 吴传清，黄磊. 长江经济带工业绿色发展效率及其影响因素研究 [J]. 江西师范大学学报（哲学社会科学版），2018，51（3）：91 - 99.

[112] 吴一平，李鲁. 中国开发区政策绩效评估：基于企业创新能力的视角 [J]. 金融研究，2017，60（6）：126 - 141.

[113] 习近平. 推动形成绿色发展方式和生活方式，为人民群众创造良好生产生活环境 [N]. 人民日报，2017 - 05 - 28（1）.

[114] 谢里，张斐. 电价交叉补贴阻碍绿色发展效率吗——来自中国工业的经验证据 [J]. 南方经济，2017，35（12）：98 - 118.

[115] 熊曦，张陶，段宜嘉，等. 长江中游城市群绿色化发展水平测度及其差异 [J]. 经济地理，2019，39（12）：96 - 102.

[116] 徐成龙，庄贵阳. 供给侧改革驱动中国工业绿色发展的动力结构及时空效应 [J]. 地理科学，2018，38（6）：849 - 858.

[117] 徐军海，黄永春. 科技人才集聚能够促进区域绿色发展吗 [J]. 现代经济探讨，2021，40（12）：116 - 125.

[118] 徐现祥，李书娟，王贤彬，等. 中国经济增长目标的选择：以高质量发展终结"崩溃论"[J]. 世界经济，2018，78（10）：3 - 25.

[119] 徐现祥，刘毓芸. 经济增长目标管理 [J]. 经济研究，2017，63（7）：18 - 33.

[120] 许士春，何正霞，魏晓平. 资源消耗、污染控制下经济可持续最优增长路径 [J]. 管理科学学报，2010，13（1）：20 - 30.

[121] 薛丁辉. 习近平绿色发展思想及其当代价值研究 [J]. 理论学刊，2017，34（1）：34 - 39.

[122] 杨翱，刘纪显. 模拟征收碳税对我国经济的影响——基于 DSGE 模型的研究 [J]. 经济科学，2014，36（6）：53 - 66.

[123] 杨承训，承谕. "循环经济"升华：发展观的深刻革命——学习习近平总书记关于绿色发展方式的系列重要论述 [J]. 经济纵横，2017，33（9）：1 - 7.

［124］杨宏伟，李雅莉，郑洁．区域协同视角下丝路中道工业绿色发展差异演化及影响因素研究［J］．工业技术经济，2019，38（11）：61 - 69.

［125］杨仁发，李娜娜．环境规制与中国工业绿色发展：理论分析与经验证据［J］．中国地质大学学报（社会科学版），2019，19（5）：79 - 91.

［126］杨新梅，黄和平．中国城市生态文明建设水平评价及时空动态演变［J］．生态经济，2020，36（8）：213 - 220.

［127］姚洋，张牧扬．官员绩效与晋升锦标赛——来自城市数据的证据［J］．经济研究，2013，48（1）：137 - 150.

［128］尹传斌，蒋奇杰．绿色全要素生产率分析框架下的西部地区绿色发展研究［J］．经济问题探索，2017，38（3）：155 - 161.

［129］余泳泽，刘大勇，龚宇．过犹不及事缓则圆：地方经济增长目标约束与全要素生产率［J］．管理世界，2019，35（7）：26 - 42.

［130］袁宝龙，张坤．制度"解锁"能够释放制造业绿色发展的活力吗？——基于2003—2014年28个行业面板数据的证据［J］．华东经济管理，2017，31（9）：104 - 111.

［131］袁航，朱承亮．国家高新区推动了中国产业结构转型升级吗［J］．中国工业经济，2018，36（8）：60 - 77.

［132］袁华锡，刘耀彬，封亦代．金融集聚如何影响绿色发展效率？——基于时空双固定的 SPDM 与 PTR 模型的实证分析［J］．中国管理科学，2019，27（11）：61 - 75.

［133］岳书敬，邹玉琳，胡姚雨．产业集聚对中国城市绿色发展效率的影响［J］．城市问题，2015，34（10）：49 - 54.

［134］张峰，薛惠锋，史志伟．资源禀赋、环境规制会促进制造业绿色发展？［J］．科学决策，2018，25（5）：60 - 78.

［135］张国俊，邓毛颖，姚洋洋，等．广东省产业绿色发展的空间格局及影响因素分析［J］．自然资源学报，2019，34（8）：1593 - 1605.

［136］张华，丰超，时如义．绿色发展：政府与公众力量［J］．山西财经大学学报，2017，39（11）：15 - 28.

[137] 张欢，成金华，陈军，等．中国省域生态文明建设差异分析 [J]．中国人口·资源与环境，2014，25（6）：22 - 29.

[138] 张欢，成金华，冯银，等．特大型城市生态文明建设评价指标体系及应用——以武汉市为例 [J]．生态学报，2015，35（2）：547 - 556.

[139] 张欢，罗畅，成金华，等．湖北省绿色发展水平测度及其空间关系 [J]．经济地理，2016，36（9）：158 - 165.

[140] 张军，吴桂英，张吉鹏．中国省际物质资本存量估算：1952—2000 [J]．经济研究，2004，50（10）：35 - 44.

[141] 张林，高安刚．国家高新区如何影响城市群创新空间结构——基于单中心 - 多中心视角 [J]．经济学家，2019，31（1）：69 - 79.

[142] 张腾飞，杨俊．绿色发展绩效的环境保护财政支出效应评价及政策匹配 [J]．改革，2019，32（5）：60 - 69.

[143] 张同斌，孙静，范庆泉．环境公共治理政策的效果评价与优化组合研究 [J]．统计研究，2017，34（3）：3 - 15.

[144] 张旭，魏福丽，袁旭梅．中国省域高质量绿色发展水平评价与演化 [J]．经济地理，2020，40（2）：108 - 116.

[145] 张艳磊，秦芳，吴昱．"可持续发展"还是"以污染换增长"——基于中国工业企业销售增长模式的分析 [J]．中国工业经济，2015，33（2）：89 - 101.

[146] 张哲强．绿色经济与绿色发展 [M]．北京：中国金融出版社，2012：11 - 34.

[147] 张治栋，秦淑悦．环境规制、产业结构调整对绿色发展的空间效应——基于长江经济带城市的实证研究 [J]．现代经济探讨，2018，37（11）：79 - 86.

[148] 张治忠．论当代中国绿色发展观的伦理意蕴 [J]．伦理学研究，2014，13（4）：123 - 127.

[149] 赵领娣，袁田，赵志博．城镇化对绿色发展绩效的门槛效应研究——以大西北、黄河中游两大经济区城市为例 [J]．干旱区资源与环境，

2019, 33 (9): 10 - 16.

[150] 中共中央文献研究室. 习近平关于社会主义生态文明建设论述摘编 [M]. 北京: 中央文献出版社, 2017: 29 - 56.

[151] 周黎安. 中国地方官员的晋升锦标赛模式研究 [J]. 经济研究, 2007, 53 (7): 36 - 50.

[152] 周瑞辉, 廖涵. 所有制异质、官员激励与中国的产能过剩——基于一个 DSGE 框架的扩展分析 [J]. 产业经济研究, 2014, 13 (3): 32 - 41.

[153] 邹巅, 廖小平. 绿色发展概念认知的再认知——兼谈习近平的绿色发展思想 [J]. 湖南社会科学, 2017, 30 (2): 115 - 123.

[154] 邹璇, 雷璨, 胡春. 环境分权与区域绿色发展 [J]. 中国人口·资源与环境, 2019, 29 (6): 97 - 106.

[155] Arcelus F J, Arocena P. Productivity differences across OECD countries in the presence of environmental constraints [J]. Journal of the Operational Research Society, 2005, 56 (12): 1352 - 1362.

[156] Beck T, Levkov R L. Big bad banks? The winners and losers from bank deregulation in the United States [J]. Journal of Finance, 2010, 65 (5): 1637 - 1667.

[157] Bhattacharya H, Innes R. Income and the environment in rural India: Is there a poverty trap? [J]. American Journal of Agricultural Economics, 2013, 95 (1): 42 - 69.

[158] Bovenberg A L, Smulders S. Environmental quality and pollution augmenting technological change in a two sectors endogenous growth model [J]. Journal of Public Economics, 1995, 57 (3): 369 - 391.

[159] Bowen A, Hepburn C. Green growth: An assessment [J]. Oxford Review of Economic Policy, 2014, 30 (3): 407 - 422.

[160] Bryan G. Norton. Sustainability: A philosophy of adaptive ecosystem management [M]. Chicago: University of Chicago Press, 2005: 37 - 49.

［161］ Carrion-Flores C E, Innes R. Environmental innovation and environmental performance ［J］. Journal of Environmental Economics & Management, 2010, 59 (1): 27 –42.

［162］ Chiou T Y, Chan H K, Lettice F, et al. The influence of greening the suppliers and green innovation on environmental performance and competitive advantage in Taiwan ［J］. Transportation Research Part E Logistics & Transportation Review, 2011, 47 (6): 822 –836.

［163］ Coli M, Nissi E, Rapposelli A. Monitoring environmental efficiency: an application to Italian provinces ［J］. Environmental Modelling and Software, 2011, 26 (1): 38 –43.

［164］ Costanza R, Arge, Groot R D, et al. The value of the world's ecosystem services and natural capital ［J］. Nature, 1997, 1 (1): 253 –260.

［165］ Dulal H B, Dulal R, Yadav P K. Delivering green economy in Asia: The role of fiscal instruments ［J］. Futures, 2015, 73 (8): 61 –77.

［166］ Eiadat Y, Kelly A, Roche F, et al. Green and competitive? An empirical test of the mediating role of environmental innovation strategy ［J］. Journal of World Business, 2008, 43 (2): 131 –145.

［167］ Färe R, Grosskopf S, Hernandez-Sancho F. Environmental performance: an index number approach ［J］. Resource and Energy Economics, 2004, 26 (4): 343 –352.

［168］ Fu J, Xiao G, Guo L, et al. Measuring the dynamic efficiency of regional industrial green transformation in China ［J］. Sustainability, 2018, 10 (3): 628.

［169］ Daily G C. Nature's Services: Societal dependence on natural ecosystems ［M］. Washington D C: Island Press, 1997: 3 –5.

［170］ Gladwin T N. Green cognition, behavior and emotion: A content analysis ［G］. Stem School of Business. Working Paper, 1991: 1 –21.

［171］ Graedel T E, Allenby B R, Comrie P R. Matrix approaches to abridged life cycle assessment [J]. Environmental Science & Technology, 1995, 29 (3): 134A – 139A.

[172] Groot R D, Brander L, Ploeg S V D, et al. Global estimates of the value of ecosystems and their services in monetary units [J]. Ecosystem Services, 2012, 1 (1): 50 – 61.

[173] Hall C R, Hodges A W, Haydu J J. The economic impact of the green industry in the United States [J]. Horttechnology, 2006 (2): 345 – 353.

[174] Hall R E, Jones C I. Why do some countries produce so much more output per worker than others? [J]. Quarterly Journal of Economics, 1999, 114 (1): 83 – 116.

[175] Honma S, Hu J L. A panel data parametric frontier technique for measuring total-factor energy efficiency: An application to Japanese regions [J]. Energy, 2014, 78 (10): 732 – 739.

[176] Hou D, Li G, Chen D, et al. Evaluation and analysis on the green development of China's industrial parks using the long-tail effect model [J]. Journal of Environmental Management, 2019, 248 (10): 109288.1 – 109288.9.

[177] Jacobson L S, Lalonde R J, Sullivan D. Earnings losses of displaced workers [J]. American Economic Review, 1993, 83 (4): 685 – 709.

[178] Jarvis A, Varma A, Ram J. Assessing green jobs potential in developing countries [M]. Geneva: International Labour Office, 2011: 54 – 89.

[179] Jefferson G H, Rawski T G, Zhang Y. Productivity growth and convergence across China's industrial economy [J]. Journal of Chinese Economic and Business Studies, 2008, 6 (2): 121 – 140.

[180] Jones, Charles I. R&D-based models of economic growth [J]. Journal of Political Economy, 1995, 103 (4): 759 – 784.

[181] Kasztelan A. The use of the Hellwig's pattern model for the evaluation of green growth in OECD countries [C]. Proceedings of the 29th international business information management association conference, Vienna, Austria, 2017:

3 – 4.

[182] Kim S E, Kim H, Chae Y. A new approach to measuring green growth: application to the OECD and Korea [J]. Futures, 2014, 63 (8): 37 – 48.

[183] López R. The environment as a factor of production: The effects of economic growth and trade liberalization [J]. Journal of Environmental Economics and Management, 1994, 27 (2): 163 – 184.

[184] Lorek S, Spangenberg J H. Sustainable consumption within a sustainable economy-beyond green growth and green economies [J]. Journal of Cleaner Production, 2014, 63 (2): 33 – 44.

[185] Lucas R E. On the mechanics of economic development [J]. Journal of Monetary Economics, 1988, 22 (1): 3 – 42.

[186] Ravallion M. Why don't we see poverty convergence? [J]. American Economic Review, 2012, 102 (1): 504 – 523.

[187] Mathew J A. Green growth strategies—Korean initiatives [J]. Futures, 2012, 44 (8): 761 – 769.

[188] Milbourne P. The geographies of poverty and welfare [J]. Geography Compass, 2010, 4 (2): 158 – 171.

[189] Morrison, Roy. Ecological democracy [M]. Boston: South End Press, 1995: 11 – 25.

[190] Motloch, John, Armistead, et al. Eco-economics in Texas: competitive adaptation for the next industry revolution [J]. Texas Business Review, 2008, 18 (10): 1 – 6.

[191] Nahman A, Mahumani B K, De Lange W J. Beyond GDP: Towards a green economy index [J]. Development Southern Africa, 2016, 33 (2): 215 – 233.

[192] OECD. Towards green growth: Monitoring progress-OECD indicators [R]. Paris: OECD, 2011: 1 – 141.

［193］OECD. Green growth and sustainable development ［EB/OL］. ［2009 - 08 - 16］http：//www. oecd. org/greengrowth/.

［194］Oh D H, Heshmati A. A sequential Malmquist-Luenberger productivity index：environmentally sensitive productivity growth considering the progressive nature of technology ［J］. Energy Economics, 2010, 32 （6）：1345 - 1355.

［195］Pierre-Andre Jouvet, Christian de Perthuis. Green growth：from intention to implementation ［J］. International Economics, 2013, 134 （5）：29 - 55.

［196］Rashidi K, Saen R F. Measuring eco-efficiency based on green indicators and potentials in energy saving and undesirable output abatement ［J］. Energy Economics, 2015, 50 （4）：18 - 26.

［197］Rick van der Ploeg, Cees Withagenb. Green growth, green paradox and the global economic crisis ［J］. Environmental Innovation and Societal Transitions, 2013, 6 （11）：116 - 119.

［198］Romer P M. Endogenous technological change ［J］. Journal of Political Economy, 1990, 98 （5）：71 - 102.

［199］Samad G, Manzoor R. Green growth：Important determinants ［J］. The Singapore Economic Review, 2015, 60 （2）：1 - 15.

［200］Selden T M, Song D Q. Neoclassical growth, the J curve for abatement and the inverted U curve for pollution ［J］. Journal of Environmental Economics and Management, 1995, 29 （2）：162 - 168.

［201］Shao S, Luan R, Yang Z, et al. Does directed technological change get greener：Empirical evidence from Shanghai's industrial green development transformation ［J］. Ecological Indicators, 2016, 69 （4）：758 - 770.

［202］Shironitta K. Global structural changes and their implication for territorial CO_2 emissions ［J］. Journal of Economic Structures, 2016, 5 （20）：1 - 18.

［203］Sokal R R, Thomson J D. Applications of spatial auto-correlation in ecology [J]. Developments in Numerical Ecology, 1987, 14 (1): 431 – 466.

[204] Stokey N L. Are there limits to growth? [J]. International Economic Review, 1998, 39 (1): 1 – 31.

[205] TRICĂ C L, Papuc M. Green economic growth premise for sustainable development [J]. Theoretical and Applied Economics, 2013, 18 (578): 131 – 140.

[206] UNEP. What is an "inclusive green economy?" [EB/OL]. [2020 – 07 – 14]. https: //www. unenvironment. org/explore-topics/green-economy/why-does-green-economy-matter/what-inclusive-green-economy.

[207] UNIDO. Green industry: policies for supporting green industry [R]. Vienna: UNIDO, 2011: 1 – 50.

[208] Wackernagel M, Rees W E. Perceptual and structural barriers to investing in natural capital: Economics from an ecological footprint perspective [J]. Ecological Economics, 1997, 20 (1): 3 – 24.

[209] Walz R, Pfaff M, Marscheider-Weidemann F, et al. Innovations for reaching the green sustainable development goals: where will they come from? [J]. International Economics and Economic Policy, 2017, 14 (2): 449 – 480.

[210] Wang W, Xie H, Lu F, et al. Measuring the performance of industrial green development using a non-radial directional distance function approach: A case study of Jiangxi province in China [J]. Sustainability, 2017, 9 (10): 1757.

[211] Watanabe M, Tanaka K. Efficiency analysis of Chinese industry: A directional distance function approach [J]. Energy Policy, 2007, 35 (12): 6323 – 6331.

[212] World Bank. World development report 1992: Development and the environment [M]. Oxford: Oxford University Press, 1992: 2 – 13.

[213] World Bank. Inclusive green growth: The pathway to sustainable development [R]. Washington D C: World Bank, 2012: 1 – 192.

[214] Yale university and Columbia university. Environmental performance index 2010 [EB/OL]. [2010 – 06 – 18]. http: //epi. yale. edu/.

[215] Yao X, Feng W, Zhang X, et al. Measurement and decomposition of industrial green total factor water efficiency in China [J]. Journal of Cleaner Production, 2019, 198 (7): 1144 – 1156.

[216] Zaim O, Taskin F. Environmental efficiency in carbon dioxide emissions in the OECD: A non-parametric approach [J]. Journal of Environmental Management, 2000, 58 (2): 95 – 107.

[217] Zhang J, Qu X, Sangaiah A K. A study of green development mode and total factor productivity of the food industry based on the industrial internet of things [J]. IEEE Communications Magazine, 2018, 56 (5): 72 – 78.

[218] Zhou P, Ang B W, Poh K L. Slacks-based efficiency measures for modeling environmental performance [J]. Ecological Economics, 2007, 60 (1): 111 – 118.

附　录

绿色发展测度的对象、指标和方法等研究进展

(1) 绿色发展测度对象为省份的指标体系和方法等研究进展

附表 1

序号	对象	研究者	研究对象	绿色发展指标体系构成	方法
1	省级	万建香、廖云福	30 个省份	绿色生活、绿色生态保护、绿色环境、绿色经济增长、绿色资源消耗、绿色生活（18 个指标）	线性加权法
2	省级	蔡宁、丛雅静；车树林等	30 个省份	化学需氧量排放量、废气中二氧化硫排放量及工业固体废弃物排放量（3 个指标）	SBM-DDF
3	省级	酒二科	30 个省份	生产方式、生活方式、生态保护与建设、社会发展（27 个指标）	AHP - 熵值组合赋权法
4	省级	蔡绍洪等	中国西部 12 省市	经济增长绿化度、资源环境承载能力、政府政策支持度（9 个评价指标）	标准离差法
5	省级	杨顺顺	长江经济带 11 省市	结构优化、创新驱动、开发协调、水资源利用、生态治理、绿色投入、绿色生活（36 个评价指标）	AHP-GRAP 联合评价法
6	省级	郝淑双、朱喜安	30 个省份	资源利用、环境治理、环境质量、生态保护、增长质量、绿色生活（44 个指标）	加权平均法
7	省级	李子豪和毛军；黄建欢等	30 个省份	以熵权法将多种污染源合成新的环境变量作为非期望产出；以熵权法综合 7 种污染物排放量作为非期望产出	Super-SBM

（1）绿色发展测度对象为省份的指标体系和方法等研究进展

序号	对象	研究者	研究对象	绿色发展指标体系构成	方法
8	省级	曹鹏和白永平；车磊、白永平、周亮等	30个省份	以熵权法综合计算生态环境和工业"三废"排放量作为非期望产出	Super-SBM
9	省级	邹璇、雷璨、胡春；朱帮助、张梦凡、王平等	30个省份；广西	以熵权法综合工业"三废"排放量作为非期望产出	Super-SBM
10	省级	王华春、崔伟、平易	30个省份	以工业废水、工业SO$_2$、工业烟生、工业粉尘的排放量为非期望产出	规模报酬可变的非期望产出的SBM
11	省级	袁润松、丰超、王苗等；何爱平、安梦天	30个省份	以二氧化碳排放量为非期望产出	SBM-DEA
12	省级	和立道、王英杰、张鑫娜	30个省份	以能源消耗总量与当年GDP的比值，各类污染物占GDP比值和全年平均可吸入颗粒物浓度	多指标法
13	省级	王兵、侯冰清	30个省份	以SO$_2$和COD两种污染物为非期望产出	GNDDF
14	省级	张腾飞、杨俊	30个省份	以二氧化碳排放量为非期望产出	DEA
15	省级	尹传斌、蒋奇杰	西部11个省份	以工业"三废"产生量为非期望产出	基于SBM的Malmquist-Luenburger生产率率指数
16	省级	黄寰、刘登娟、罗子欣	西藏	压力、状态、响应	熵权TOPSIS法
17	省级	李光龙、周云蕾	30个省份	资源利用、环境治理、生态保护、增长质量、绿色生活	熵权法

续表

（1）绿色发展测度对象为省份的指标体系和方法等研究进展

序号	对象	研究者	研究对象	绿色发展指标体系构成	方法
18	省级	李洄旭、肖沁霖	30个省份	绿色增长效率、产业绿色化水平、资源与生态保护、环境与气候变化、环境治理（14个指标）	熵权法
19	省级	卢飞、刘明辉、孙元元	30个省份	2016年国家发改委四部门联合发布的绿色发展指标体系	熵权法
20	省级	于成学、葛仁东、胡书芳、苏平贵	辽宁；浙江	资源环境、自然资源、环境政策与投资（49个指标）；绿色增长、资源、环境、人口（13个指标）	熵权法
21	省级	程钰、王晶晶、王亚平	30个省份	绿色福利、绿色财富（30个指标）	投影寻踪评价法
22	省级	刘明广；万建香、廖云福	30个省份	绿色生产、绿色环境、绿色新政（42个指标）；绿色生活、绿色生态环境保护、绿色环境、绿色资源消耗、绿色经济增长（18个指标）	线性加权综合法
23	省级	郝汉舟、周校兵、刘耀彬；袁华锡、邵翠	30个省份	生态建设、环境治理、经济增长质量、科技创新水平、绿色生活（26个指标）；绿色发展动力、绿色发展状态、发展压力、绿色发展响应（33个指标）	因子分析法
24	省级	王勇、李海英、俞海；朱帮助、张梦凡	30个省份；广西	资源利用、环境质量、生态保护、增长质量、绿色生活（45个指标）；资源利用、环境治理、环境质量、生态保护、增长质量、绿色生活（33个指标）	专家赋权法

续表

（2）　绿色发展测度对象为城市的指标体系和方法等研究进展

序号	对象	研究者	研究对象	绿色发展指标体系构成	方法
1	市级	黄素珍、鲁洋、杨晓英	黄山市及各县区	资源利用、环境质量、增长质量环境治理、生态保护、绿色生活（33个指标）	层次分析法
2	市级	李少林、陈满满	北方地区41个城市	以二氧化硫排放量、工业烟粉尘排放量、单位GDP能耗和城乡居民生活用电量等4个指标	多指标法
3	市级	田晖、宋清	47个智慧城市	单位GDP工业"三废"排放量（3个指标）	多指标法
4	市级	靳丽娟；赵领娣、袁田、赵志博	甘肃省主要城市；大西北黄河中游62个地级市	以人均城市污染排放量为非期望产出；以工业"三废"排放量为非期望产出指标	DEA
5	市级	石敏俊、徐琪	100个城市	经济、可持续性、绿色发展能力	效用函数拟合成法
6	市级	王兵、唐文狮、吴延瑞	112个环保重点城市	以化学需氧量、二氧化硫排放总量和氨氮排放总量为非期望产出（3个指标）	环境RAM模型
7	市级	卫夏青、秦国伟	安徽省地级城市	绿色经济、绿色财富、绿色空间、绿色治理（20个指标）	专家赋权法
8	市级	石敏俊、刘艳艳、郝汉舟；汤进华、霍文侠	58个地级市和25个国际城市；湖北省各地级市	环境健康、资源节约、低碳发展、生活宜居（14个指标）；生态城市建设力度、产业环境支好程度、循环经济发展水平、科技创新水平（19个指标）	层次分析法与专家赋权法相结合的方法
9	市级	张欢、罗畅、成金华	湖北省地级城市	绿色美好家园、绿色生产消费、绿色高端发展（24个指标）	多层次评价方法和熵权法相结合的方法

· 179 ·

续表

（2）绿色发展测度对象为城市的指标体系和方法等研究进展

序号	对象	研究者	研究对象	绿色发展指标体系构成	方法
10	市级	胡书芳、马茜法	浙江省地级城市	经济、环境、社会（12个指标）	灰色关联分析法
11	市级	罗宣、金瑶瑶、王翠翠；袁华锡、刘耀彬、封亦代	资源型城市；中国272个地级城市	工业"三废"排放量为非期望产出指标	Super-SBM
12	市级	岳书敬、杨阳、许耀	中国277个地级城市	二氧化硫排放量为非期望产出指标	SBM-DDF
13	市级	岳书敬、邹玉琳、胡姚雨；刘习平、管可、华学成、王惠、仇佳旦、刘杨、杨建梁、梁媛、王滢、李卫兵、陈楠、李晓；周天佣、樊琳梓、周亮、车磊、周成虎；张治栋、秦淑悦	中国96个城市；湖北经济带各城市；江苏13个城市；112个环境保护为重点城市；长江经济带各城市；长江经济带各城市	工业"三废"排放量为非期望产出	SBM-DEA
14	市级	袁文华、李建春、刘呈庆等；卞勇、匡耀求、曾雪兰；滕堂伟、孙蓉、胡森林	山东省17地市；长江经济带110个城市；广东省各地级市；长江经济带108个地级市	社会、经济、环境、协调（18个指标）；绿色生产、绿色生活（21个指标）；经济社会、资源利用、环境保护（15个指标）；科技创新、绿色发展（16个指标）	熵权TOPSIS法
15	市级	黄界、杨蕾、王小兴；郭永杰、米文宝、赵莹；吴传清、黄磊、尤立军；解婉娟	广州市；宁夏22个县；长江中游城市群31个城市；江苏省13个地级市	生态城市、产业环境、循环经济（18个指标）；经济增长、资源环境、政府政策（32个指标）；资源生态、绿色生活（28个指标）；自然资源、资源环境、科技发展（19个指标）	熵权法
16	市级	刘耀彬、胡凯、川嵋群	中国280个地级市	以单位污染所创造的GDP表示绿色发展	单指标法

续表

(2) 绿色发展测度对象为城市的指标体系和方法等研究进展

序号	对象	研究者	研究对象	绿色发展指标体系构成	方法
17	市级	张旺、周跃云、谢世雄、任嘉敏、马延吉	中国GDP值前110强地级市；东北老工业基地11个典型城市	经济低碳化、社会低碳化、资源低碳化、设施低碳化、环境友好化、产业绿色化、经济发展质量、环境保护与治理、绿色人居（25个指标）；资源利用、环境保护与治理（32个指标）	主客观组合赋权法
18	市级	卫夏青、秦国伟	安徽各地级市	绿色经济、绿色财富、绿色空间、绿色治理（20个指标）	专家赋权法

(3) 绿色发展测度对象为行业或产业的指标体系和方法等研究进展

序号	对象	研究者	研究对象	绿色发展指标体系构成	方法
1	行业	袁宝龙、张坤	中国制造业28个行业	废水排放总量、废气排放量、COD排放量、SO_2排放量、烟尘排放量、固废排放量、CO_2排放量为投入（7个指标）	Super-DEA
2	工业	黄聪英、林宸彧	福建省工业	工业规模、工业结构、环境影响、资源能源消耗（16个指标）	SBM-DEA
3	行业	傅为忠、边之灵	安徽省及其邻省各地市	工业经济、工业环境、工业资源、工业创新、社会福利（22个指标）	CRITIC-TOPSIS法
4	行业	陈健	中国制造业及其细分行业	绿色发展绩效、社会责任绩效（8个指标）	层次分析法
5	产业	高红贵、赵路	长江经济带11省市产业	产业转型升级、自主创新能力、资源利用效率和环境保护（18个指标）	动态因子分析法
6	行业	刘建翠、郑世林	中国21个工业行业	化学需氧量和二氧化硫排放量为非期望产出	SBM-DEA

续表

（3）绿色发展测度对象为行业或产业的指标体系和方法等研究进展

序号	对象	研究者	研究对象	绿色发展指标体系构成	方法
7	行业	韩洁平、程序、闫晶等；杨仁发、李娜娜	中国30个省份的工业	工业废水排放总量，一般工业固体废物和工业烟（粉）尘的产生量为非期望产出；工业"三废"排放量为非期望产出	兼具径向和非径向松弛变量的EBM
8	行业	何剑、王欣爱；吴传清黄磊；王建民、仇定三、蒋清颖等	长江经济带11省市工业	工业"三废"排放量为投入	Super-SBM
9	行业	黄磊、吴传清	长江经济带110个地级及以上城市	工业"三废"为非期望产出	全局Super-SBM
10	行业	李文华、熊兴	中国省域农业	以农业生产活动产生的农业碳排放为非期望产出	非径向非角度SBM
11	行业	李琳、张佳	长江经济带108个地级市	工业绿色增长度、工业资源环境压力、政府绿色政策支撑（21个指标）	熵权–TOPSIS法
12	行业	谢里、张美	30个省份	工业废水、工业废气、烟粉尘、固体废弃物、工业SO_2、二氧化碳作为非期望产出	NDDF-DEA
13	行业	张峰、薛惠锋、史志伟	30个省份制造业	制造业"三废"排放量为非期望产出	SBM-DDF
14	行业	徐成龙、庄贵阳	30个省份的工业	工业绿色增长度、工业资源环境压力、工业绿色发展能力（21个指标）	熵权法
15	行业	张国俊、邓毛颖、姚洋洋等	广东省及各地级市产业	产业绿色增长度、资源环境承载力、政府政策支撑（21个指标）	熵权法
16	行业	何剑、王欣爱	31个省的产业	12个指标	因子分析法
17	行业	李琳、楚紫穗	31个省市的产业	产业绿色增长度、资源环境承载力、政府政策支撑（27个指标）	主成分分析法
18	行业	苏利阳、郑红霞、王毅	30个省的工业	资源消耗、污染物排放（9个指标）	专家赋权法

续表

（4）绿色发展测度对象为其他的指标体系和方法等研究进展

序号	对象	研究者	研究对象	绿色发展指标体系构成	方法
1	国家	李晓西、刘一萌、宋涛	"一带一路"沿线123国家	社会经济可持续发展、生态资源环境可持续发展（12个指标）	德尔菲法
2	国家	黄健柏、贺稳彪、丰超；马骍	"一带一路" 16个代表性国家	二氧化碳排放量为非期望产出	DEA
3	国家	高赢；杜莉、马遥遥	"一带一路"沿线52国家和45个国家	二氧化碳排放量为非期望产出	SBM-DDF
4	农村	谢里、王瑾瑾	31个省份的农村数据	绿色资源、绿色劳动力、绿色技术、绿色产出（29个指标）	DEA-Gini法
5	农村	程莉、文传浩	长江经济带11个省市的乡村	绿色资源、绿色劳动力、绿色技术、绿色产出（25个指标）	熵权法
6	企业	王丽霞、陈新国、姚西龙	30个省份3 410个企业	未介绍非期望产出指标	SBM-DEA
7	企业	唐勇军、李鹏	沪深A股制造业上市公司	绿色体系、绿色运营、绿色DNA、绿色社会、绿色投资（17个指标）	主客观组合赋权法
8	家庭	黄跃、李琳	农户	农业生产方式、农户对农业绿色发展的认知	多指标法

资料来源：CNKI 数据库（中国知网），作者整理所得。

附表 2　　排污许可证申请与核发技术规范涉及的工业行业汇总

序号	标准名称	对应的国民经济行业代码（2002 版）
1	排污许可证申请与核发技术规范 钢铁工业	32
2	排污许可证申请与核发技术规范 水泥工业	3111
3	排污许可证申请与核发技术规范 石化工业	282
4	排污许可证申请与核发技术规范 玻璃工业—平板玻璃	3141
5	排污许可证申请与核发技术规范 炼焦化学工业	2520
6	排污许可证申请与核发技术规范 电镀工业	3460
7	排污许可证申请与核发技术规范 制药工业—原料药制造	271
8	排污许可证申请与核发技术规范 制革及毛皮加工工业—制革工业	3652
9	排污许可证申请与核发技术规范 农副食品加工工业—制糖工业	1340
10	排污许可证申请与核发技术规范 纺织印染工业	171
11	排污许可证申请与核发技术规范 农药制造工业	263
12	排污许可证申请与核发技术规范 有色金属工业—铅锌冶炼	3312
13	排污许可证申请与核发技术规范 有色金属工业—铝冶炼	3316
14	排污许可证申请与核发技术规范 有色金属工业—铜冶炼	3311
15	排污许可证申请与核发技术规范 化肥工业—氮肥	2621
16	排污许可证申请与核发技术规范 有色金属工业—汞冶炼	3339
17	排污许可证申请与核发技术规范 有色金属工业—镁冶炼	3317
18	排污许可证申请与核发技术规范 有色金属工业—镍冶炼	3313
19	排污许可证申请与核发技术规范 有色金属工业—钛冶炼	3329
20	排污许可证申请与核发技术规范 有色金属工业—锡冶炼	3314
21	排污许可证申请与核发技术规范 有色金属工业—钴冶炼	3313
22	排污许可证申请与核发技术规范 有色金属工业—锑冶炼	3315
23	排污许可证申请与核发技术规范 农副食品加工工业—淀粉工业	1391
24	排污许可证申请与核发技术规范 农副食品加工工业—屠宰及肉类加工工业	135
25	排污许可证申请与核发技术规范 锅炉	3511
26	排污许可证申请与核发技术规范 陶瓷砖瓦工业	313
27	排污许可证申请与核发技术规范 有色金属工业—再生金属	3329
28	排污许可证申请与核发技术规范 磷肥、钾肥、复混钾肥、有机肥料及微生物肥料工业	262

序号	标准名称	对应的国民经济行业代码（2002 版）
29	排污许可证申请与核发技术规范 电池工业	3940
30	排污许可证申请与核发技术规范 汽车制造业	372
31	排污许可证申请与核发技术规范 家具制造工业	21
32	排污许可证申请与核发技术规范 酒、饮料制造工业	152、153
33	排污许可证申请与核发技术规范 食品制造工业—乳制品制造工业	1440
34	排污许可证申请与核发技术规范 食品制造工业—调味品、发酵制品制造工业	146
35	排污许可证申请与核发技术规范 电子工业	405、406
36	排污许可证申请与核发技术规范 人造板工业	202
37	排污许可证申请与核发技术规范 无机化学工业	261
38	排污许可证申请与核发技术规范 聚氯乙烯工业	308
39	排污许可证申请与核发技术规范 食品制造工业—方便食品、食品及饲料添加剂制造工业	143、1494
40	排污许可证申请与核发技术规范 火电	4144
41	排污许可证申请与核发技术规范 废弃资源加工工业	43
42	排污许可证申请与核发技术规范 制药工业—生物药品制品制造	276
43	排污许可证申请与核发技术规范 制革及毛皮加工工业—毛皮加工工业	193
44	排污许可证申请与核发技术规范 制药工业—中成药生产	274
45	排污许可证申请与核发技术规范 制药工业—化学药品制剂制造	272
46	排污许可证申请与核发技术规范 印刷工业	231
47	排污许可证申请与核发技术规范 羽毛（绒）加工工业	194
48	排污许可证申请与核发技术规范 煤炭加工—合成气和液体燃料生产	4230
49	排污许可证申请与核发技术规范 化学纤维制造业	28
50	排污许可证申请与核发技术规范 农副食品加工工业—饲料加工、植物油加工工业	132、133
51	排污许可证申请与核发技术规范 日用化学产品制造工业	267
52	排污许可证申请与核发技术规范 专用化学产品制造工业	266
53	排污许可证申请与核发技术规范 农副食品加工工业—水产品加工工业	136

续表

序号	标准名称	对应的国民经济行业代码（2002版）
54	排污许可证申请与核发技术规范 涂料、油墨、颜料及类似产品制造业	264
55	排污许可证申请与核发技术规范 石墨及其他非金属矿物制品制造	319
56	排污许可证申请与核发技术规范 金属铸造工业	352
57	排污许可证申请与核发技术规范 铁合金、电解锰工业	324、3319
58	排污许可证申请与核发技术规范 造纸行业	22
59	排污许可证申请与核发技术规范 铁路、船舶、航空航天和其他运输设备制造业	371、375、3799
60	排污许可证申请与核发技术规范 工业炉窑	3560
61	排污许可证申请与核发技术规范 制鞋工业	182
62	排污许可证申请与核发技术规范 橡胶和塑料制品工业	29、30
63	排污许可证申请与核发技术规范 稀有稀土金属冶炼	333

资料来源：生态环境部官网。

附表3　　选取的中国286个地级及以上城市名单

省份	具体的地级及以上城市名单	地市数目
北京	北京	1
天津	天津	1
河北	石家庄、唐山、秦皇岛、邯郸、邢台、保定、张家口、承德、沧州、廊坊、衡水	11
山西	太原、大同、阳泉、长治、晋城、朔州、晋中、运城、忻州、临汾、吕梁	11
内蒙古	呼和浩特、包头、乌海、赤峰、通辽、鄂尔多斯、呼伦贝尔、巴彦淖尔、乌兰察布	9
辽宁	沈阳、大连、鞍山、抚顺、本溪、丹东、锦州、营口、阜新、辽阳、盘锦、铁岭、朝阳、葫芦岛	14
吉林	长春、吉林、四平、辽源、通化、白山市、松原市、白城	8
黑龙江	哈尔滨、齐齐哈尔、鸡西、鹤岗、双鸭山、大庆、伊春、佳木斯、七台河、牡丹江、黑河、绥化	12
上海	上海	1
江苏	南京、无锡、徐州、常州、苏州、南通、连云港、淮安、盐城、扬州、镇江、泰州、宿迁	13

续表

省份	具体的地级及以上城市名单	地市数目
浙江	杭州、宁波、温州、嘉兴、湖州、绍兴、金华、衢州、舟山、台州、丽水	11
安徽	合肥、芜湖、蚌埠、淮南、马鞍山、淮北、铜陵、安庆、黄山、滁州、阜阳、宿州、六安、亳州、池州、宣城	16
福建	福州、厦门、莆田、三明、泉州、漳州、南平、龙岩、宁德	9
江西	南昌、景德镇、萍乡、九江、新余、鹰潭、赣州、吉安、宜春、抚州、上饶	11
山东	济南、青岛、淄博、枣庄、东营、烟台、潍坊、济宁、泰安、威海、日照、莱芜、临沂、德州、聊城、滨州、菏泽	17
河南	郑州、开封、洛阳、平顶山、安阳、鹤壁、新乡、焦作、濮阳、许昌、漯河、三门峡、南阳、商丘、信阳、周口、驻马店	17
湖北	武汉、黄石、十堰、宜昌、襄阳、鄂州、荆门、孝感、荆州、黄冈、咸宁、随州	12
湖南	长沙、株洲、湘潭、衡阳、邵阳、岳阳、常德、张家界、益阳、郴州、永州、怀化、娄底	13
广东	广州、韶关、深圳、珠海、汕头、佛山、江门、湛江、茂名、肇庆、惠州、梅州、汕尾、河源、阳江、清远、东莞、中山、潮州、揭阳、云浮	21
广西	南宁、柳州、桂林、梧州、北海、防城港、钦州、贵港、玉林、百色、贺州、河池、来宾、崇左	14
海南	海口、三亚	2
重庆	重庆	1
四川	成都、自贡、攀枝花、泸州、德阳、绵阳、广元、遂宁、内江、乐山、南充市、眉山、宜宾、广安、达州、雅安、巴中、资阳	18
贵州	贵阳、六盘水、遵义、安顺	4
云南	昆明、曲靖、玉溪、保山、昭通、丽江、普洱、临沧	8
西藏	拉萨	1
陕西	西安、铜川、宝鸡、咸阳、渭南、延安、汉中、榆林、安康、商洛	10
甘肃	兰州、嘉峪关、金昌、白银、天水、武威、张掖、平凉、酒泉、庆阳、定西、陇南	12
青海	西宁	1
宁夏	银川、石嘴山、吴忠、固原、中卫	5
新疆	乌鲁木齐、克拉玛依	2
合计		286

附表4　　　　　　　　　　　中国国家高新区名单

序号	省份	高新区名称	总数	批准时间
1	北京	中关村科技园区	1	1988.05
2	天津	天津滨海高新区	1	1991.03
3	河北	石家庄高新区	5	1991.03
4		保定高新区		1992.11
5		唐山高新区		2010.11
6		燕郊高新区		2010.11
7		承德高新区		2012.08
8	山西	太原高新区	2	1992.11
9		长治高新区		2015.02
10	内蒙古	包头稀土高新区	3	1992.11
11		呼和浩特金山高新区		2013.12
12		鄂尔多斯高新区		2017.02
13	辽宁	沈阳高新区	8	1991.03
14		大连高新区		1991.03
15		鞍山高新区		1992.11
16		营口高新区		2010.09
17		辽阳高新区		2010.11
18		本溪高新区		2012.08
19		锦州高新区		2015.02
20		阜新高新区		2013.12
21	吉林	长春高新区	5	1991.03
22		长春净月高新区		2012.08
23		吉林高新区		1992.11
24		延吉高新区		2010.11
25		通化医药高新区		2013.12
26	黑龙江	哈尔滨高新区	3	1991.03
27		大庆高新区		1992.11
28		齐齐哈尔高新区		2010.11
29	上海	上海张江高新区	2	1991.03
30		上海紫竹高新区		2011.06

续表

序号	省份	高新区名称	总数	批准时间
31		南京高新区		1991. 03
32		苏州高新区		1992. 11
33		昆山高新区		2010. 09
34		无锡高新区		1992. 11
35		江阴高新区		2011. 06
36		常州高新区		1992. 11
37		武进高新区		2012. 08
38		泰州医药高新区		2009. 03
39	江苏	徐州高新区	18	2012. 08
40		苏州工业园		1994. 02
41		南通高新区		2013. 12
42		镇江高新区		2014. 01
43		盐城高新区		2015. 02
44		连云港高新区		2015. 02
45		扬州高新区		2015. 09
46		常熟高新区		2015. 09
47		宿迁高新区		2017. 02
48		淮安高新区		2017. 02
49		杭州高新区		1991. 03
50		萧山临江高新区		2015. 02
51		宁波高新区		2007. 01
52	浙江	绍兴高新区	8	2010. 11
53		温州高新区		2012. 08
54		衢州高新区		2013. 12
55		湖州莫干山高新区		2015. 09
56		嘉兴高新区		2015. 09
57		合肥高新区		1991. 03
58		蚌埠高新区		2010. 11
59	安徽	芜湖高新区	6	2010. 09
60		马鞍山慈湖高新区		2012. 08
61		铜陵狮子山高新区		2017. 02
62		淮南高新区		2018. 02

序号	省份	高新区名称	总数	批准时间
63	福建	福州高新区	7	1991.03
64		厦门火炬高新区		1991.03
65		泉州高新区		2010.11
66		莆田高新区		2012.08
67		漳州高新区		2013.12
68		三明高新区		2015.02
69		龙岩高新区		2015.02
70	江西	南昌高新区	9	1992.11
71		新余高新区		2010.11
72		景德镇高新区		2010.11
73		鹰潭高新区		2012.08
74		抚州高新区		2015.02
75		吉安高新区		2015.09
76		赣州高新区		2015.09
77		九江共青城高新区		2018.02
78		宜春丰城高新区		2018.02
79	山东	济南高新区	13	1991.03
80		威海火炬高新区		1991.03
81		青岛高新区		1992.11
82		潍坊高新区		1992.11
83		淄博高新区		1992.11
84		济宁高新区		2010.09
85		烟台高新区		2010.09
86		临沂高新区		2011.06
87		泰安高新区		2012.08
88		枣庄高新区		2015.02
89		禹城高新区（德州）		2015.09
90		莱芜高新区		2015.09
91		黄河三角洲农业高新技术产业示范区（东营）		2015.1

序号	省份	高新区名称	总数	批准时间
92	河南	郑州高新区	7	1991.03
93		洛阳高新区		1992.11
94		安阳高新区		2010.09
95		南阳高新区		2010.09
96		新乡高新区		2012.08
97		平顶山高新区		2015.02
98		焦作高新区		2015.09
99	湖北	武汉东湖高新区	12	1991.03
100		襄阳高新区		1992.11
101		宜昌高新区		2010.11
102		孝感高新区		2012.08
103		荆门高新区		2013.12
104		仙桃高新区		2015.09
105		随州高新区		2015.09
106		黄冈高新区		2017.02
107		咸宁高新区		2017.02
108		荆州高新区		2018.02
109		黄石大冶湖		2018.02
110		潜江高新区		2018.02
111	湖南	长沙高新区	8	1991.03
112		株洲高新区		1992.11
113		湘潭高新区		2009.03
114		益阳高新区		2011.06
115		衡阳高新区		2012.08
116		郴州高新区		2015.02
117		常德高新区		2017.02
118		怀化高新区		2018.02
119	广东	广州高新区	14	1991.03
120		深圳市高新区		1991.03
121		中山火炬高新区		1991.03
122		佛山高新区		1992.11

序号	省份	高新区名称	总数	批准时间
123	广东	惠州高新区	14	1992.11
124		珠海高新区		1992.11
125		东莞松山湖高新区		2010.09
126		肇庆高新区		2010.09
127		江门高新区		2010.11
128		源城高新区		2015.02
129		清远高新区		2015.09
130		汕头高新区		2017.02
131		湛江高新区		2018.02
132		茂名高新区		2018.02
133	广西	南宁高新区	4	1992.11
134		桂林高新区		1991.03
135		柳州高新区		2010.09
136		北海高新区		2015.02
137	海南	海口高新区	1	1991.03
138	重庆	重庆高新区	4	1991.03
139		璧山高新区		2015.09
140		荣昌高新区		2018.02
141		永川高新区		2018.02
142	四川	成都高新区	8	1991.03
143		绵阳高新区		1992.11
144		自贡高新区		2011.06
145		内江高新区		2017.02
146		乐山高新区		2012.08
147		泸州高新区		2015.02
148		攀枝花高新区		2015.09
149		广汉高新区（德阳）		2015.09
150	贵州	贵阳高新区	2	1992.11
151		安顺高新区		2017.02
152	云南	昆明高新区	3	1992.11
153		玉溪高新区		2012.08
154		楚雄高新区		2018.02

续表

序号	省份	高新区名称	总数	批准时间
155		西安高新区		1991.03
156		宝鸡高新区		1992.11
157		杨凌高新区		1997.07
158	陕西	渭南高新区	7	2010.09
159		榆林高新区		2012.08
160		咸阳高新区		2012.08
161		安康高新区		2015.09
162	甘肃	兰州高新区	2	1991.03
163		白银高新区		2010.09
164	青海	青海高新区	1	2010.11
165	宁夏	银川高新区	2	2010.11
166		石嘴山高新区		2013.12
167		乌鲁木齐高新区		1992.11
168	新疆	昌吉高新区	3	2010.09
169		新疆生产建设兵团石河子高新区		2013.12

资料来源：科学技术部官网。